乡村生产生活热点解答 系列

U0646498

农户贷款知识
你问 我答

NONGHU DAIKUAN ZHISHI
NIWEN WODA

王惠惠　编著

中国科学技术出版社
·北 京·

图书在版编目（CIP）数据

农户贷款知识你问我答 / 王惠惠编著. —北京：
中国科学技术出版社，2018.3
ISBN 978-7-5046-7883-6

Ⅰ.①农… Ⅱ.①王… Ⅲ.①农业贷款–中国–问题解答
Ⅳ.①F832.43–44

中国版本图书馆CIP数据核字（2018）第002240号

策划编辑	张　金
责任编辑	乌日娜
装帧设计	中文天地
责任校对	焦　宁
责任印制	徐　飞

出　　版	中国科学技术出版社
发　　行	中国科学技术出版社发行部
地　　址	北京市海淀区中关村南大街16号
邮　　编	100081
发行电话	010–62173865
传　　真	010–62173081
网　　址	http://www.cspbooks.com.cn

开　　本	889mm×1194mm　1/32
字　　数	105千字
印　　张	4.5
版　　次	2018年3月第1版
印　　次	2018年3月第1次印刷
印　　刷	北京长宁印刷有限公司
书　　号	ISBN 978-7-5046-7883-6 / F·856
定　　价	18.00元

乡村生产生活热点解答系列
编委会

主 任

刘 芳

副主任

刘 柳　刘笑冰

委员（按姓氏笔画排序）

王惠惠　白秋菊　刘 芳　刘 柳

刘笑冰　严继超　李瑞芬　杨博琼

肖红波　何 伟　陈跃雪　赵晓萌

赵海燕　桂 琳　徐广才　高文海

黄映晖　黄 雷　曹 暾　董景山

目录 | Contents

四、农村信用社农户贷款产品的申请 　53

五、农户贷款的担保方式　67

六、农户信用　87

农户贷款基础知识

（一）贷　款

Q1 什么是贷款？

贷款是指银行或其他金融机构以一定的利率将资金贷放给资金需要者，并约定期限归还的一种经济行为。

Q2 贷款有哪些类型？

我国银行贷款可从不同的角度划分为不同的类型。

（1）按贷款的期限划分　按贷款期限的长短，可以将贷款分为短期贷款、中期贷款和长期贷款。

短期贷款是指贷款期限在 1 年内（含 1 年）的贷款，其特点是期限短、风险小、利率低，通常以"放款"的方式发放，主要用于满足借款人对短期资金的需求。

中期贷款是指贷款期限在 1 年以上 5 年以下（含 5 年）的贷款。

长期贷款是指贷款期限在 5 年以上的贷款，其特点是期限长、利率高、流动性差、风险大。

（2）按贷款有无担保品划分　按贷款有无担保品，可将贷款划分为信用贷款和担保贷款。

信用贷款是指借款人依靠自身的信誉而无需提供抵押品或法人担保向银行取得的贷款。这种贷款手续简便，利率相对较高，贷款数额受公司财务情况的限制，但对银行来说，其风险较大。

担保贷款是指由借款人或第三方依法提供担保而发放的贷款，担保贷款包括保证贷款、抵押贷款和质押贷款。

保证贷款是指贷款人、借款人与第三方保证人签订保证合同，由保证人为借款人履行借款合同项下的债务向贷款人提供的担保，当借款人违约或无力归还贷款时，由保证人按照保证合同的约定代为履行债务或者承担相应的连带责任。

抵押贷款是指借款人或第三人在不转移特定财产占有权的情况下，以该财产作为抵押物向贷款人提供的担保。贷款人持有抵押财产的担保权益，当借款人不履行借款合同时，贷款人有权按照抵押合同的约定以质押物折价或者以拍卖、变卖抵押物所得的价款优先受偿。

质押贷款是指借款人或第三人将贷款人可以接受质押的动产或权利移交贷款人占有，依法办理质押登记手续，以该动产或权利作为质押物向贷款人提供的担保，当借款人不履行债务时，贷款人有权按照质押合同的约定以质物折价出售来收回贷款，或者以拍卖、变卖质物所得的价款优先受偿。

Q3 什么是贷款利率？

贷款利率是指借款期限内利息数额与本金额的比例。我国的贷款利率由中国人民银行统一管理，中国人民银行确定的利率经国务院批准后执行（表1）。贷款利率的高低直接决定着利润在借款方和银行之间的分配比例，因而影响着借贷双方的经济利益。贷款利率因贷款种类和期限的不同而不同，同时也与借贷资金的稀缺程度相联系。

表1 2015年10月24日至2017年8月份执行的最新银行贷款基准利率

项　目	年利率（％）
一、短期贷款	
1年以内（含1年）	4.35
二、中长期贷款	
1～5年（含5年）	4.75
5年以上	4.90

Q4 如何计算利息？

利息是指在借贷关系中，由借入方支付给贷出方的报酬，即在偿还借款时，大于本金的那部分金额。

利息的多少取决于3个因素：本金、存期期限和利息率水平。

利息的计算公式：

$$利息＝本金 \times 利息率 \times 存款期限$$

（二）农户贷款

Q5 哪些人是农户？

农户是指长期居住在乡镇和城关镇所辖行政村的住户、国有农场的职工和农村个体工商户。

Q6 什么是农户贷款？

农户贷款是指银行业金融机构向符合条件的农户发放的用于

生产经营、生活消费等用途的本外币贷款。

Q7 农户申请贷款应当具备哪些条件?

农户申请贷款应当具备以下条件。

◎ 农户贷款以户为单位申请发放,并明确一名家庭成员为借款人,借款人应当为具有完全民事行为能力的中华人民共和国公民。

◎ 户籍所在地、固定住所或固定经营场所在农村金融机构服务辖区内。

◎ 贷款用途明确合法。

◎ 贷款申请数额、期限和币种合理。

◎ 借款人具备还款意愿和还款能力。

◎ 借款人信用状况良好,无重大不良信用记录,借款人当期在金融机构无不良余额,近3年不得出现经营性贷款逾期记录。

◎ 在农村金融机构开立结算账户。

◎ 农村金融机构要求的其他条件。

Q8 农户贷款的种类有哪些?

按照用途分类,农户贷款分为农户生产经营贷款和农户消费贷款;按信用形式分类,农户贷款分为信用贷款、保证贷款、抵押贷款、质押贷款,以及组合担保方式贷款;按期限长短分类,农户贷款分为短期贷款、中期贷款和长期贷款。

Q9 农户贷款支持哪些贷款用途？

农户贷款用途应当符合法律法规和国家有关政策规定，不得发放无指定用途的农户贷款。按照用途分类，农户贷款分为农户生产经营贷款和农户消费贷款。

（1）**农户生产经营贷款**　是指发放给农户用于生产经营活动的贷款，包括农户农、林、牧、渔业生产经营贷款和农户其他生产经营贷款。

农户农、林、牧、渔业生产经营贷款指发放给农户用于农业、林业、牧业、渔业及农林牧渔服务业等生产活动的贷款。农业、林业、牧业、渔业及农林牧渔服务业按照《国民经济行业分类》（GB/T 4754—2011）划分。

农户其他生产经营贷款指发放给农户用于不属于农、林、牧、渔业及农林牧渔服务业等生产活动的所有贷款，主要包括工业、商业、建筑业、运输业、餐饮业、服务业等生产或流通活动的贷款。

（2）**农户消费贷款**　是指发放给农户用于自身及家庭生活消费，以及医疗、学习等需要的贷款。农户住房按揭贷款按照各银行业金融机构按揭贷款管理规定办理。

Q10 承办农户贷款的金融机构有哪些？

目前，我国农村银行类金融机构可以划分为4类、9种，分别是政策性银行中的中国农业发展银行，商业银行中的中国农业银行和中国邮政储蓄银行，农村合作金融机构中的农村信用社、农村商业银行和农村合作银行，以及新型农村金融机构中的村镇银行、农村贷款公司和农村资金互助社。

中国农业发展银行是中国农业领域唯一的一家政策性银行，主要面向粮食收储企业、中国农业银行、中国邮政储蓄银行、农业产业化龙头企业等企业客户提供融资服务，而不对个人提供金融服务。

中国农业银行、中国邮政储蓄银行、农村合作金融机构（包括农村信用社、农村商业银行和农村合作银行）、村镇银行、农村贷款公司都属于商业性金融机构，主要是按照商业原则依据监管部门核定的业务范围为"三农"提供各类农村金融服务。其中，依据有关法律法规规定，农村贷款公司不能吸收社会公众存款。

农村资金互助社是按照银监会调整放宽农村地区银行金融机构准入政策试点组建的合作性金融组织，主要是为社员提供金融服务。

Q11 农户贷款额度如何规定？

农村金融机构应当根据借款人生产经营状况、偿债能力、贷款真实需求、信用状况、担保方式、机构自身资金状况和当地农村经济发展水平等因素，合理确定农户贷款额度。

Q12 农户贷款期限如何规定？

农村金融机构根据农户贷款项目生产周期、销售周期和综合还款能力等因素合理确定贷款期限，贷款期限一般不超过 1 年，对于生产经营周期较长的农户贷款可适当延长贷款期限，但最长不得超过 2 年。

Q13 农户贷款的还款方式有哪些？

农村金融机构应当建立借款人合理的收入偿债比例控制机制，合理确定农户贷款还款方式。农户贷款还款方式根据贷款种类、期限及借款人现金流情况，可以采用分期还本付息、分期还息到期还本等方式。原则上 1 年期以上贷款不得采用到期利随本清方式。

（1）**等额本息还款** 指贷款本金（本金是指从金融机构贷出的钱）与利息总额相加后平均分摊到还款期限的每个月中，即借款人（还款人）每月按相等的金额偿还贷款本息。

等额本息还款方式下，每月还款额计算公式：

$$每月等额还本付息额 = P \times \frac{R \times (1+R)^N}{(1+R)^N - 1}$$

式中，P ＝贷款本金，R ＝月利率＝年利率÷12，N ＝还款月数。

这种还款方式适合家庭收入较为稳定的人群，特别是暂时收入比较少、经济压力比较大的人群。因为虽然每个月还款金额相同，但是所含本金和利息的比例不同，初期所还部分，利息占较大比例，而贷款本金所占的比例较低，不适合有提前还贷打算的人群。

（2）**等额本金还款** 又称利随本清还款或等本不等息还款，借款人将本金平均分摊到贷款期限的每个月内，同时付清上一交易日到本次还款日之间的利息，这种还款方式相对等额本息还款而言，总的利息支出较低，前期支付的本金和利息较多，还款负担逐月递减。

相关计算公式如下：

每月本金还款 = 总贷款额 ÷ 还款次数

当月利息 = 上月剩余本金 × 月利率

　　　　 = 总贷款数 × [1−（还款月数−1）÷ 还款次数] × 月利率

每月还款额 = 每月本金还款额 + 当月利息

总利息 = 总贷款额 × 月利率 ×（还款次数 +1）÷2

此种还款方式适合生活负担会越来越重（养老、看病、孩子读书等）或预计收入会逐步减少的人使用。

以贷款 1 万元、贷款时间为 1 年、月利率为 3.45‰为例，比较等额本息还款与等额本金还款（表 2）。

表 2　等额本息还款与等额本金还款比较表

贷款期（月）	等额本息（元）			等额本金（元）		
	还款本金	利息	本息合计	还款本金	利息	本息合计
1	817.64	34.50	852.14	833.33	34.50	867.83
2	820.46	31.68	852.14	833.33	31.63	864.96
3	823.29	28.85	852.14	833.33	28.75	862.08
4	826.13	26.01	852.14	833.33	25.88	859.21
5	828.98	23.16	852.14	833.33	23.00	856.33
6	831.84	20.30	852.14	833.33	20.13	853.46
7	834.71	17.43	852.14	833.33	17.25	850.58
8	837.59	14.55	852.14	833.33	14.38	847.71
9	840.48	11.66	852.14	833.33	11.50	844.83
10	843.38	8.76	852.14	833.33	8.63	841.96
11	846.29	5.85	852.14	833.33	5.75	839.08
12	849.21	2.93	852.14	833.37	2.88	836.25
合　计	10000.00	225.68	10225.68	10000.00	224.28	10224.28

（3）**到期一次还本付息**　是指借款人（还款人）在贷款期内不是按月偿还本息，而是贷款到期后一次性归还本金和利息，这种还款方式的利息负担比前两种的利息负担更重一些，适合于短期借款。

到期一次还本付息的相关计算公式如下。

贷款期为 1 年：

到期一次还本付息额 ＝ 贷款本金 ×［1+ 年利率（％）］

贷款期不到 1 年：

到期一次还本付息额 ＝ 贷款本金 ×［1+ 月利率（‰）× 贷款期］

（4）**分期付息一次还本**　贷款期内每月支付利息，到期一次性偿还本金。

分期付息一次还本的相关计算公式如下。

每月付息 1 次，到期还本：

每月偿还利息 ＝ 利息总额 ÷12

每年付息 1 次，到期还本：

每年支付利息额 ＝ 本金 × 年利率

Q14 **什么是提前还款和推迟还款？**

（1）**提前还款**　是指借款人在还款期未到之前即先行偿还部分或者全部贷款的行为。提前还款在某些情况下对借款人有利而对贷款人不利，所以是否允许提前还款以及提前还款的条件应予明确规定。

借款人要提前还款必须与银行预约，这样银行可以有足够的时间开展对借款人提前偿还的本金、利息、剩余贷款资金的偿还期限和额度等进行核算工作。

提前还款的违约金是指借贷款双方在合同中共同认可的条款，一旦借款方在指定的时间内提前还清全部贷款或大部分本金，借款人将支付一笔违约金。违约金一般是按照提前还款时的未结余额的百分比计算（一般是2%～5%），或规定若干个月份的利息；但最高违约金应该受到合同或法律的约束。违约金的有效期通常不会超过3年或5年。有效期过后，违约金的比率会取消或逐渐减少。每年只要部分提前还款不超过贷款的20%，就不用缴纳违约金。

不是所有的贷款都必须缴纳违约金，一般固定利率的贷款有违约金，可调节利率的贷款没有违约金，有些特殊种类的贷款没有违约金，所以在签订借款合同前，借款人需要知道贷款是否有违约金、有效期限。

①部分提前还款　部分提前还款是指借款人在偿还了一部分贷款后，把剩余贷款中的一部分提前偿还，另一部分继续按照借款合同规定的方式或者其他的方式还款。

部分提前还款时，银行一般都规定最低限额，例如数万元以上的贷款，提前还款的最低限额一般在1万元或者2万元以上，借款人提前还款的金额必须是以万元为单位的整数。

②全部提前还款　是指借款人在偿还了一部分贷款后，把剩余的贷款本息一次性还清的方式。

不管是全部提前还款还是部分提前还款，对于提前偿还的资金，银行不收取从提前还款之日起到贷款期限结束之间的利息，提前偿还贷款需在按月正常还款一段时间（如3个月、6个月或1年）之后，才可以第一次向发放贷款的金融机构提出提前还款的申请。

（2）推迟还款　与贷款人协商将还款日期推迟，但借款人需要支付原还款日到首次新还款日之间的利息。

（3）逾期还款　未与贷款人协商的情况下没有在规定日期内还款，逾期的时间内，贷款人将按照天计算利息。除了交纳利息外，逾期还款还需交纳滞纳金，滞纳金的比例在借款合同中有相应的规定。

Q15 为什么要签订借款合同？

根据《中华人民共和国银行业监督管理法》的规定，为保护借款人的合法权益，最好的办法就是要签订借款合同，在合同中明确规定借贷双方的权利和责任，保证借款人按期足额拿到贷款资金。同时，在出现银行等金融机构计算贷款利息不准、要求借款人提前归还贷款等问题时，借款人可以拿出合同，依法维护自己的权益。

中国农业银行农户贷款产品的申请

（一）金穗惠农卡的申请

Q1 什么是金穗惠农卡？

金穗惠农卡（以下简称惠农卡）是中国农业银行面向农户发行的银联标准借记卡产品，它除具有金穗借记卡存取现金、转账结算、消费、理财等各项金融功能外，还可作为农户小额贷款的发放载体、财政补贴代理等特色服务功能，并提供一定的金融服务收费减免优惠。惠农卡卡号标识为"622841"，设主卡和附属卡，主附卡采用不同卡面。惠农卡主卡享有以下优惠（惠农卡附属卡没有优惠）：免收惠农卡账户小额账户服务费；免收惠农卡和交易明细折的工本费（包括换卡和补卡）；减半收取惠农卡年费，5元/年；在开通农民工特色服务的地区，异地取款有手续费优惠。

Q2 惠农卡有哪些功能？

惠农卡除具有金穗借记卡存取现金、转账结算、消费、理财等各项金融功能外，还可向持卡人提供交易明细折、农户小额贷款载体、农村社保医保身份识别及费用代缴代付、农村公用事业代收付、财政补贴代理等多种特色服务功能。

Q3 符合什么条件的人才能够办理惠农卡？

具有农业户口，或居住在取消二元户口制地区农村，主要从事农村土地耕作或其他与农村经济发展有关的生产经营活动的住户，能够办理惠农卡。

Q4 惠农卡如何办理？

银行网点人员会到申请人所在村进行集中办理，申请人也可以到已经开办此项业务的网点柜台单独办理。

（1）**批量申领程序** 批量申领惠农卡的程序具体如下。

> 申领人向村委会等农行合作机构提出办卡申请，申请时须填写申请表，并提供户口簿和居民身份证复印件

⬇

> 村委会等合作机构核实申请人信息后，将申请材料批量提交到所在地农行网点进行审核

⬇

> 对于符合发卡条件的，网点在系统中进行批量开卡（但不激活），并将完成开卡的卡片及卡号清单交村委会等合作机构签收

⬇

> 村委会等合作机构按照卡号清单，将卡片发给申领人签收

⬇

> 申领人持惠农卡、户口簿和居民身份证原件到所在地农行网点办理卡片改密激活（可根据情况提供上门激活服务），激活后的惠农卡方可正常使用

（2）**单独申领程序** 单独申领惠农卡的程序如下。

> 申领人持户口簿、本人居民身份证原件及合作机构对其身份证明的介绍信等到农行网点填写金穗惠农卡申请表

⬇

> 网点对申领人提交的申请资料进行审核，对于符合发卡条件的当场开卡，并由申领人自行设置密码。开卡完成后惠农卡即可使用

Q5 不在户口所在地但从事农业生产经营活动的农户，是否可以在当地申办惠农卡？

在乡镇（含城关镇）行政管理区域内有固定居所，且居住时间在 1 年以上的住户可申请惠农卡。

Q6 每户可以申请几张惠农卡？

每户农户只能申请一张惠农卡主卡，并可根据需要申请多张附属卡，附属卡不能升级为主卡。

Q7 如何申请惠农卡小额贷款？

借款人携带本人身份证、户口薄和惠农卡的原件和复印件。借款人须具有中华人民共和国国籍，年龄在 18 周岁（含）以上 60 周岁以下，在农村区域有固定的住所，身体健康，品行良好。从事农、林、牧、渔等农业生产经营或工业、商业、建筑业、运输业、服务业等非农业生产经营活动。

Q8 惠农卡小额贷款的贷款期限是多久？

惠农卡农户小额贷款授信期限最长为 1 年，单笔贷款期限最长为 3 年。

Q9 惠农卡小额贷款怎样计息？

在授信额度和期限内，随借随还，按使用金额和天数计算利息，最大程度减少借款人的利息支出。

Q10 惠农卡小额贷款有哪些担保方式？

惠农卡小额贷款的担保方式有抵押、质押、保证、联保等。

（二）农村个人生产经营贷款的申请

Q11 农村个人生产经营贷款的对象是谁？

农村个人生产经营贷款的对象是农户家庭内的单个成员，用以满足其从事规模化生产经营资金需求的大额贷款。这里所称农户是指长期（1 年以上）居住在乡镇（含城关镇）行政管理区域内的住户，包括从事农业生产经营的住户、国有农（林）场职工、农民工、农村个体工商户等，但不包括居住在城关镇从事非农业生产经营的住户。

农村个人生产经营贷款用于农户从事农业及其他生产经营的融资需求，具体包括农、林、牧、渔等农业生产经营活动；工业、商业、建筑业、运输业、服务业等非农业生产经营活动。

Q12 申请农村个人生产经营贷款的借款人应具备哪些条件？

申请农村个人生产经营贷款的借款人应同时具备以下基本条件。

◎ 年龄在 18 周岁以上（含），且申请借款时年龄和借款期限之和最长不超过 60 年（含），在农村区域有固定住所，身体健康，具有完全民事行为能力和劳动能力，持有有效身份证件。

◎ 根据《中国农业银行"三农"客户信用等级评定管理办法》，客户的信用等级评级结果为良好级及以上。

◎ 收入来源稳定，具备按期偿还贷款的能力。

◎ 从事的生产经营活动合规合法，符合国家产业、行业、环保政策。

◎ 须提供合法、有效、足值的担保。

◎ 借款人及其配偶信用记录良好，申请贷款时不存在到期未还的逾期贷款和信用卡恶意透支，且最近 24 个月内不存在连续 90 天（含）以上或累计 6 期以上的逾期记录。

Q13 严禁对哪些客户办理农村个人生产经营贷款？

以下客户严禁办理农村个人生产经营贷款。

◎ 有骗（套）取银行信用、恶意逃废银行债务或信用卡恶意透支行为或记录的。

◎ 担任或曾经担任有骗（套）取银行信用、恶意逃废债务行为的企业的主要管理人员，且对企业逃废债行为负有直接责任的。

◎ 有嗜赌、吸毒等不良行为的。

◎ 从事国家明令禁止业务的。

Q14 农村个人生产经营贷款额度如何规定？

农村个人生产经营贷款单户额度起点为 5 万元（不含），单户余额最高不超过 100 万元（含），其中采取自助可循环方式的单户余额最高不超过 50 万元（含）。

Q15 农村个人生产经营贷款有哪些贷款方式？

农村个人生产经营贷款分为自助可循环方式和一般方式。

自助可循环方式是指在核定的最高额度和期限内，借款人随借随还，自助放款还款。一般方式是指未对农户授予最高额可循环贷款额度，一次性放款，一次或分次收回。具体用款方式由贷款人与借款人协商决定。

自助可循环方式授信及贷款期限：采取自助可循环方式的，授信期限最长不超过 3 年，额度内的单笔贷款期限不得超过 1 年，且到期日不得超过授信额度有效期后 6 个月。一般方式贷款期限：农村个人生产经营贷款的贷款期限应根据农户从事生产的经营周期、现金流量特点确定，原则上不超过 3 年，对于从事林果业、橡胶、药材等生产周期较长的生产经营活动的，最长可延长至 8 年。

Q16 农村个人生产经营贷款有哪些还款方式？

客户经理应根据农户所从事生产的经营周期、现金流量特点，与客户协商确定还款方式和还款周期。

（1）贷款期限在1年以内（含）的　采取一般方式的，可采取利随本清、定期结息、分期还款等还本付息方式；采取自助可循环方式的，应采取利随本清、定期结息等还本付息方式。

（2）贷款期限在1年以上的　应采取等额本息、等本递减等分期还款还本付息方式，最长可按每6个月进行分期还款。对于生产周期较长，经营初期还款困难的客户，除采取等额本息、等本递减等方式外，还可采取阶段性等额本息、等本递减还款方式，即设置贷款宽限期，宽限期内只偿还贷款利息，超过宽限期后按照等额本息、等本递减还款方式偿还贷款。宽限期应根据借款人生产经营的实际情况确定，原则上不得超过1年，最长不超过2年。

Q17 银行对农村个人生产经营贷款的办理流程是什么？

银行对农村个人生产经营贷款办理流程如下。

借款人提出申请并提交相关材料 → 银行对业务进行调查、审查、审批 → 签订借款和担保合同 → 根据合同约定逐笔核贷，逐笔放贷 → 积极开展贷后管理工作

Q18 申请农村个人生产经营贷款需要哪些材料？

客户应填写《农村个人生产经营贷款业务申请表》，向经营行客户部门（营业网点）提出农村个人生产经营贷款业务申请，并按要求提供以下基本材料。

◎ 借款人有效身份证明的原件及复印件。

◎ 涉及保证担保的，需提供担保方同意担保的证明文件；涉及抵押和质押担保的，需提供抵押物或质押权利的权属证明文件以及有处分权人同意抵（质）押的书面证明。

◎ 已领取营业执照的借款人，需提供经年检合格的营业执照，从事许可证经营的，应提供相关行政主管部门的经营许可证原件及复印件。

◎ 贷款人要求的其他材料。

Q19 银行如何审查农村个人生产经营贷款？

银行可通过与客户面谈、走访当地农户、借助村委会及农民专业合作社等组织进行贷前调查，核实借款人的申请材料，并对以下内容展开调查。

（1）借款人及家庭基本信息

◎ 借款人年龄、婚姻状况、个人品质、健康状况、信用记录等。

◎ 家庭主要成员情况，包括家庭成员基本情况、主要收入情况、支出情况、信用记录等。

◎ 家庭主要财产、负债及对外担保情况。财产包括金融类资产、生物资产等流动资产，房产、车辆、土地经营使用权等非流动资产；负债包括农行借款、信用社借款、其他金融机构贷款及民间借款等。

（2）借款人生产经营信息

◎ 对于从事种养业等农业生产经营的借款人，主要调查以下内容：一是土地或其他经营场所权利证明，包括自有、承包、租赁等证明文件，没有相关文件的须由村委会出具证明；二是生产经营情况，包括种养品种、种养规模、投入成本、生产周期、销售渠道、预期销售收入等。

◎ 对于从事工商业等非农业生产经营的借款人，主要调查以下内容：一是经营场所产权证明或承包、租赁合同（协议书）；二是营业执照、税务登记证和近1年的纳税证明（经营时间不满1年的需提供经营时间内的纳税证明），未领取营业执照的可不提供；三是经营项目情况，包括项目基本情况、项目投入、经营年限、存货情况、销售渠道、预期年销售收入及年净收益等。

（3）担保信息 核实担保人的担保能力、担保人的个人收入证明，实地调查抵押物的产权归属、地理位置、变现能力等情况，质押财产的权属和真实性。

根据调查核实的信息，编制借款人的财务状况简表，作为分析农户财务状况和偿还能力的主要依据之一。

借款人的贷款超过一定额度时，银行还需撰写调查报告以对客户借款事由、还款能力、现金流量、个人信用情况、担保情况进行分析，提出调查结论，明确拟提供的贷款方式、金额、期限、利率、还款方式、担保方式等，移送审查人员审查。

调查认为不符合贷款条件的，银行可终止信贷程序，并及时通知申请人。

Q20 银行的贷后检查工作主要包括哪些?

农村个人生产经营贷款的贷后检查工作主要包括在线监测、实地检查以及上级行组织的交叉检查。

（1）**在线监测** 对于采用自助可循环方式的借款人，银行每季度通过内容管理系统，至少进行一次定期检查，监测借款人借款、还款交易记录。

（2）**实地检查** 一级分行可根据分行实际，自行确定是否采取首次跟踪检查；对采用一次性到期还本方式的贷款（包括一般方式和自助可循环方式）以及期限超过 1 年的贷款，每半年至少进行一次实地检查。

（3）**上级行交叉检查** 上级行要根据当地实际情况，对辖内农村个人生产经营贷款每年至少组织一次交叉检查，交叉检查方式和检查面由上级行自行确定。各级行对检查结果要实行共享，避免重复检查。

Q21 银行的贷后检查主要检查什么内容?

银行对农村个人生产经营贷款的贷后检查主要包括以下 4 点内容。

◎ 重点检查客户是否按照合同约定用途使用信贷资金，是否存在私贷公用、冒名贷款、多人承贷一人使用等违规问题。

◎ 客户的家庭情况、健康状况、生产经营是否正常，主要产品的市场变化情况。

◎ 客户是否有违法经营行为，是否卷入经济纠纷，与其他债权人的合作关系。

◎ 担保人担保资格、保证能力、抵（质）押物的完整性和安全性。抵押物的价值是否受到损失，抵押权是否受到侵害，质押物的保管是否符合规定。

（三）农户小额贷款的申请

Q22 农户小额贷款可以用于哪些用途？

农户小额贷款原则上应该用于农户维持基本生产所必要的融资需求。

◎ 从事农、林、牧、渔等农业生产经营活动。

◎ 从事工业、商业、建筑业、运输业、服务业等非农业生产经营活动。

◎ 农村劳动力职业技术培训、已参加农村合作医疗的农户的医疗资金需求。

其中，用于已参加农村合作医疗农户医疗资金需求的，须经一级分行批准并制定实施细则后方可开办。

Q23 申请农户小额贷款的借款人必须具备哪些条件？

申请农户小额贷款的借款人必须同时具备以下条件。

◎ 具有中华人民共和国国籍，年龄在 18 周岁以上（含 18 周岁）60 周岁以下，在农村区域有固定住所，身体健康，具有完全民事行为能力和劳动能力，持有有效身份证件。

◎ 是农村家庭的户主或户主书面指定的本家庭其他成员，且已经申请获得金穗惠农卡。

◎ 应具有稳定的经营收入及按期偿还贷款本息的能力。

◎ 所从事的生产经营活动，符合国家法律法规及产业政策。

◎ 信用评级为一般级及以上。

◎ 品行良好，没有连续逾期 90 天以上或累计逾期 6 期以上的信用记录，申请贷款时无逾期未还贷款。

◎ 贷款人规定的其他条件。

Q24 严禁对哪些客户办理农户小额贷款业务？

严禁对以下客户办理农户小额贷款业务。

◎ 存在恶意逃废银行债务及其他债务的。

◎ 有严重违法违纪或其他不良记录的。

◎ 有赌博、吸毒等不良嗜好的。

◎ 从事国家明令禁止的业务的。

Q25 农户小额贷款额度如何规定？

农户小额贷款单户额度起点为 3 000 元。单户余额不得超过所从事生产经营项目投入资金的 50%。单户最高余额由一级分行根据当地实际自行确定，但最高不得超过 3 万元。

授信额度内的单笔贷款起贷金额为 3 000 元，贷款增幅基础数为 1 000 元。

Q26 农户小额贷款期限如何规定？

农户小额贷款的授信期限应根据农户从事基本生产的经营周期、收入情况确定，一般不超过 1 年，最长不超过 3 年。额度内的单笔贷款期限不得超过 1 年，且到期日不得超过授信额度有效期后 6 个月。

Q27 农户小额贷款利率如何规定？

农户小额贷款定价坚持收益覆盖风险的原则。在上级行规定的利率浮动范围内，各行可根据当地同业竞争情况合理确定利率浮动幅度。

Q28 农户小额贷款有哪些贷款方式？

农户小额贷款分为信用贷款和担保贷款两类，其中担保贷款分为保证贷款、抵押贷款和质押贷款。

Q29 农户小额贷款有哪些还款方式？

农户小额贷款采取利随本清或按季（月）结息到期还本的还款方式。

Q30 农户在贷款额度内先后申请了两笔小额贷款，是否可以先对后申请的贷款进行清偿？

若两笔贷款均为逾期，则可以先对后一笔贷款进行清偿，在网点就可以办理此项业务。

Q31 办理农户小额贷款的业务流程是什么？

农户小额贷款办理流程如下。

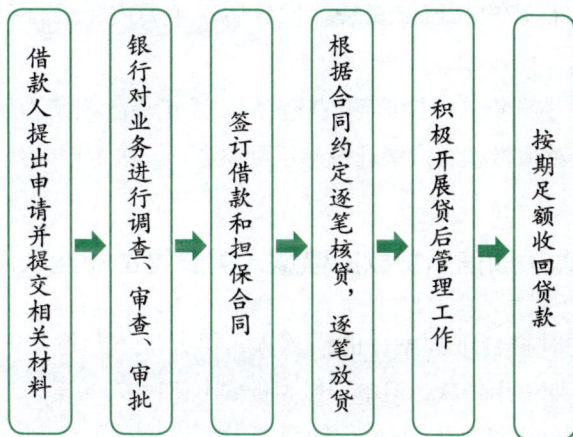

借款人提出申请并提交相关材料 → 银行对业务进行调查、审查、审批 → 签订借款和担保合同 → 根据合同约定逐笔核贷，逐笔放贷 → 积极开展贷后管理工作 → 按期足额收回贷款

Q32 申请农户小额贷款需要哪些材料？

◎ 借款人有效身份证原件及复印件。

◎ 涉及保证担保的，需要提供担保方同意担保的证明文件；涉及抵（质）押担保的，需要提供抵押物或质押权利的权属证明，以及有处分权人同意抵（质）押的书面证明。

◎ 已领取营业执照的借款人，需要提供经年检合格的营业执照；从事许可证经营的，应提供相关行政主管部门的经营许可证原件及复印件。

◎ 贷款人要求的其他材料。

Q33 农户小额贷款的贷后检查有哪些方式？

贷后检查可采取实地检查、交叉检查、电话访谈、检查金穗惠农卡交易记录等多种方式进行。

经营行客户经理要在贷款发放后 1 个月内，进行首次跟踪检查。

农户小额贷款的授信额度核定后，无论借款人是否用款或是否存在贷款余额，客户经理每半年至少进行一次定期检查。

Q34 办理短期信用贷款的借款人需要具备哪些条件？

对同时符合下列条件的借款人，可办理不超过年家庭收入30%的短期信用贷款，但单户最高贷款不超过 5 000 元。

◎ 家庭成员身体健康，无重大疾病。

◎ 有合法、可靠的经济来源，具有还本付息能力。

◎ 家庭年人均收入不低于所在县农民人均收入。

◎ 信用评级为一般级及以上。

Q35 联保小组申请贷款需要满足哪些条件？

借款人可遵循"自愿组合、诚实守信、风险共担"的原则组成联保小组申请贷款。

联保小组担保方式必须同时符合下列条件：联保成员不低于3户；联保成员不得为同一家庭成员；联保成员签订联保承诺书，愿意承担连带责任；联保成员的居所或主营业务所在地应相对集中；联保小组组长需协助农行贷款清收，并及时向农行提供小组成员影响贷款偿还的信息。

采用联保小组担保方式的，每个借款人只能参加一个联保小组。在联保小组成员贷款全部清偿前，借款人不得退出联保小组。联保小组成员出现不良贷款的，在不良贷款清偿前停止对该联保小组所有成员发放新的贷款。

采用联保小组担保方式的，贷款行应根据联保小组成员的经济状况、还款能力等因素合理确定联保小组各成员的授信额度。联保小组成员的贷款合计不得超过小组各成员单户保证担保额度之和。

单户保证担保额度计算公式如下。

公式一：

单户保证担保额度 =3×（单户年正常税后收入 – 单户年债务性支出 – 单户年生活保障支出）– 该户已为他人提供的各类担保余额

公式二：

单户保证担保额度 = 单户的净资产 – 该户已为他人提供的各类担保余额

（四）季节性收购贷款的申请

Q36 什么是季节性收购贷款？

季节性收购贷款是指在农副产品收购旺季，为解决农副产品加工、流通、储备企业正常周转资金不足等困难，满足其收购资金需求而发放的短期流动资金贷款。产品主要面对有季节性收购资金需求的 AA 级（含）以上农业产业化龙头企业，贷款期限原则不超过 6 个月，最长不能超过 9 个月，不得循环使用，到期必须收回。

Q37 季节性收购贷款有什么功能和特色？

季节性收购贷款主要是为解决农业产业化龙头企业农副产品收购旺季资金需求量大、时限要求高等困难而设计，对借款人准入和资金需求等有明确的限定。

季节性收购贷款实行"封闭运行、期限管理、专款专用、库贷挂钩"的管理方式。产品主要特色是根据农副产品收购资金需求特点，可超企业授信理论测算值为借款人核定授信，超 30%（含）以内需农业银行一级分行审批，超 30% 以上需按照农业银行相关信贷制度报批。

Q38 **季节性收购贷款有哪些办理渠道?**

所有经授权的三农事业部辖属经营机构均可办理。

具体开办的业务种类及办理程序、办理条件等以中国农业银行当地分行有关规定为准。

Q39 **季节性收购贷款的办理流程是什么?**

季节性收购贷款的办理流程如下。

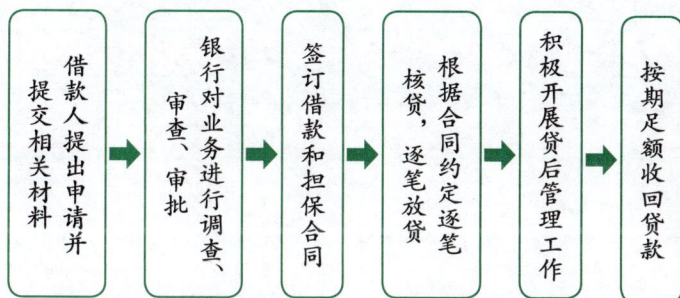

借款人提出申请并提交相关材料 → 银行对业务进行调查、审查、审批 → 签订借款和担保合同 → 根据合同约定逐笔核贷,逐笔放贷 → 积极开展贷后管理工作 → 按期足额收回贷款

申请季节性收购贷款,借款人须提交的材料同农户小额贷款。

中国邮政储蓄银行农户贷款产品的申请

（一）农户小额贷款的申请

Q1 申请农户小额贷款的借款人须具备哪些条件？

申请农户小额贷款的借款人必须同时具备以下条件。

◎ 20 周岁（含 20 周岁）至 60 周岁（含 60 周岁）之间，具有完全民事行为能力的自然人。

◎ 具有当地户口或在当地连续居住 1 年以上。

◎ 必须已婚（含离异、丧偶），家庭成员中有 2 名（含 2 名）以上的劳动力。

◎ 应从事符合国家产业政策的生产经营活动，且应连续正常经营 1 年以上（含 1 年）。

◎ 贷款用途正当、合理，有一定的自有资金和经营管理能力。

Q2 农户小额贷款品种有哪些？

农户小额贷款品种：联保贷款、保证贷款、抵（质）押贷款及法人保证贷款。

Q3 农户小额贷款额度如何规定？

联保贷款单笔金额最高 8 万元（部分地区 20 万元），具体依照当地分支机构有关规定。

保证贷款单笔金额最高 10 万元（部分地区 30 万元），具体依照当地分支机构有关规定。

抵（质）押及法人保证贷款单笔金额最高 20 万元（部分地区 30 万元），具体依照当地分支机构有关规定。

Q4 农户小额贷款期限如何规定？

农户小额贷款期限 1 ~ 12 个月，以月为单位，农户可以根据生产经营周期、还款能力等情况自主选择贷款期限。

Q5 农户小额贷款利率如何规定？

具体利率水平以当地邮政储蓄银行的规定为准。

Q6 农户小额贷款还款方式有哪些？

等额本息还款法：贷款期限内每月以相等的金额偿还贷款本息。

阶段性等额本息还款法：贷款宽限期内只偿还贷款利息，超过宽限期后按照等额本息还款法偿还贷款。

一次性还本付息法：到期一次性偿还贷款本息。

Q7 农户小额贷款的担保要求是什么？

农户可选择采用自然人保证或联保的形式。保证贷款需要 1 ~ 2 名具备代偿能力的自然人提供保证；农户联保贷款需要

3～5 名农户共同组成联保小组。

Q8 农户小额贷款有哪些办理渠道？

农户可在当地提供小额贷款服务的邮政储蓄银行分支机构办理或登录网上银行进行在线申请。

Q9 农户小额贷款如何办理？

农户小额贷款办理流程如下。

借款人提出申请并提交相关材料 → 银行对业务进行调查、审查、审批 → 签订借款和担保合同 → 根据合同约定逐笔核贷，逐笔放贷

Q10 申请农户小额贷款需要哪些材料？

农户小额贷款需要以下申请材料。

◎ 小额贷款申请表。

◎ 有效身份证件原件及复印件。

◎ 常住户口薄或居住满 1 年的证明材料。

◎ 由其他自然人（或法人）为贷款申请人提供保证担保的，担保人应经过银行审核（或准入），并根据银行要求提供相关证明材料。

◎ 办理贷款所需的其他材料。

（二）农机购置补贴贷款的申请

Q11 什么是农机购置补贴贷款？

农业机械购置补贴是由农业部和财政部发起的，为加快农机化发展方式转变，调动农民购买和使用农机的积极性，在全国范围内对纳入实施范围并符合补贴条件的农牧渔民、农场（林场）职工、农民专业合作社和从事农机作业的农业生产经营组织提供的，用于购置和更新规定品目农业机具的补贴。农机购置补贴贷款是指由中国邮政储蓄银行向符合国家补贴条件的农户、农业生产经营组织提供的农业机械购置贷款。

Q12 符合什么条件的农户可以申请农机购置补贴贷款？

申请农机购置补贴贷款的农户需具备以下条件。

◎ 借款人信用观念强，资信状况良好，无不良社会和商业信用记录。

◎ 借款人年龄在20周岁（含20周岁）至60周岁（含60周岁）之间，具有当地户口或在当地连续居住1年以上，拥有自有固定住所。

◎ 借款人无赌博、吸毒、酗酒等不良行为。

◎ 常住地址在经办行的有效经营地域范围内。

Q13 申请农机购置补贴贷款需要哪些材料？

贷款申请人除了应提交一般农户小额贷款的申请材料外，还应提供如下材料。

◎ 购机申请表或者申请编号。

◎ 农机购置补贴指标确认通知书。

◎ 借款申请人开立的用于发放购机补贴款的账户信息。

◎ 合作机构提供的客户推荐表。

◎ 邮政储蓄银行认为有必要提供的其他材料。

◎ 办理贷款所需的其他材料。

Q14 农机购置补贴贷款额度如何规定？

单笔金额最高 50 万元，具体依照当地分支机构规定。

Q15 农机购置补贴贷款期限如何规定？

贷款期限最长 24 个月。

Q16 农机购置补贴贷款有哪些还款方式？

（1）等额本息还款法　贷款期限内每期以相等的金额偿还贷款本息。

（2）阶段性等额本息还款法　贷款宽限期内只偿还贷款利息，超过宽限期后按照等额本息还款法偿还贷款。

（3）按周期付息，到期一次性还本　贷款期限内，每周期偿还利息，贷款到期后，偿还贷款本金。

（4）一次性还本付息法　贷款到期日一次性归还贷款本息。

Q17 农机购置补贴贷款担保方式如何规定？

本产品可采用的担保方式包括3人及3人以下联保、自然人保证和抵（质）押担保。

（三）农民专业合作社贷款的申请

Q18 什么是农民专业合作社贷款？

农民专业合作社是指依据《中华人民共和国农民专业合作社法》，在农村家庭承包经营基础上，同类农产品的生产经营者或者同类农业生产经营服务的提供者、利用者，自愿联合、民主管理的互助性经济组织；同时要求合作社自身必须拥有实际经营项目，具有明确合理的资金需求。

农民专业合作社贷款是指中国邮政储蓄银行向农民专业合作社法人或实际控制人、社员单独发放的法人或个人经营性贷款。

Q19 申请农民专业合作社法人贷款的合作社应满足哪些条件？

申请农民专业合作社法人贷款模式的合作社须满足以下所有

基本条件。

◎ 依据《中华人民共和国农民专业合作社法》，经工商行政管理部门核准登记，并办理年检手续，从事特殊行业的须持有有权机关颁发的经营许可证。

◎ 要有合法、健全的组织机构。

◎ 有固定办公场所，有规范的合作社章程，有可识别分析的财务会计制度且正常经营 3 年以上（含 3 年）。

◎ 要有规范、严密的内控制度和财务管理制度。

◎ 农民专业合作社、实际控制人、股东过往的经营历史和经营业绩良好。

◎ 拥有稳定的销售渠道。

◎ 拥有真实的资产项目。

◎ 拥有至少 1 项县（区）级及以上政府给予的级别评定或荣誉奖励（包括享受过补贴政策）。

Q20 申请农民专业合作社普通社员贷款的成员应满足哪些条件？

申请农民专业合作社普通社员贷款模式的，其所属合作社应满足上述基本条件外，普通社员自身还应满足以下所有条件。

◎ 为中华人民共和国公民，具有完全民事行为能力。

◎ 信用观念强，资信状况良好，无不良社会和商业信用记录。

◎ 年龄在 20 周岁（含 20 周岁）至 60 周岁（含 60 周岁）之间，具有当地户口或在当地连续居住 1 年以上，拥有自有固定住所，婚姻状况为已婚（含离异、丧偶）。

◎ 无赌博、吸毒、酗酒等不良行为。

◎ 农户应从事种养业或其他符合国家产业政策的生产经营活动，有合法、可靠的经济来源，拥有本行业 1 年以上（含 1 年）的经验。

◎ 贷款的用途正当、合理，有一定的自有资金和经营管理能力。

◎ 从事与农民专业合作社业务直接有关的生产经营活动，能够利用合作社提供的服务，承认并遵守农民专业合作社章程，是履行章程规定的入社手续的出资社员或非出资社员。

◎ 加入农民专业合作社 1 年以上（含 1 年），与合作社在农资购买、产品经销和土地入社等方面签订明确的合约，或遵循历史惯例存在实际合作（如通过交易记录、日记账簿、应收应付款等进行交叉验证），双方合作期限在一个完整生产周期以上（含一个完整生产周期），经营稳定。

Q21 农民专业合作社贷款额度如何规定？

合作社法人额度最高 1 000 万元，股东类普通社员额度最高 50 万元，非股东类普通社员额度最高 30 万元，合作社实际控制人额度最高 500 万元。详情请咨询当地分支机构。

Q22 农民专业合作社贷款期限如何规定？

贷款期限最长 24 个月。

Q23 农民专业合作社贷款的还款方式有哪些?

（1）**等额本息还款法**　贷款期限内每期以相等的金额偿还贷款本息。

（2）**阶段性等额本息还款法**　贷款宽限期内只偿还贷款利息，超过宽限期后按照等额本息还款法偿还贷款。

（3）**按周期付息，到期一次性还本**　贷款期限内，每周期偿还利息，贷款到期后，偿还贷款本金。

（4）**一次性还本付息法**　贷款到期日一次性归还贷款本息。

Q24 农民专业合作社贷款的担保方式有哪些?

农民专业合作社贷款可采用的担保方式包括保证担保、抵（质）押担保和组合担保。

Q25 申请办理农民专业合作社贷款的流程是什么?

农民专业合作社贷款办理流程如下。

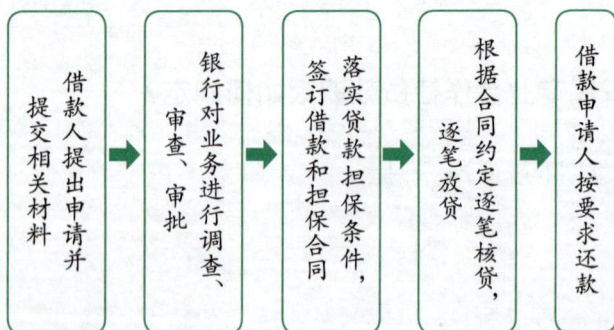

借款人提出申请并提交相关材料 → 银行对业务进行调查、审查、审批 → 落实贷款担保条件，签订借款和担保合同 → 根据合同约定逐笔核贷，逐笔放贷 → 借款申请人按要求还款

Q26 申请农民专业合作社贷款需要提供哪些材料？

（1）农民专业合作社普通社员　农民专业合作社普通社员贷款须提供的材料如下。

①基本材料　一是申请人有效身份证件的原件及复印件。申请人已婚的，还须提供配偶的身份证原件及复印件，以及婚姻证明材料（结婚证或夫妻户口在一起的户口簿）的原件及复印件。二是申请人为非当地常住户口的，应提供在当地经营或居住满1年的证明材料，如满1年的经营相关合同、房屋租赁合同、各类缴费单据等。三是申请保证贷款的，应提供保证人居民身份证原件和复印件、保证人证明材料（若保证人为有固定职业的自然人，应提供载明保证人姓名、工作单位、月均收入、单位联系人及联系电话并加盖单位公章或人事部门公章的工作单位证明；若保证人单位规定不得开立单位证明，可使用工作证原件和复印件及3～6个月工资卡的银行流水等证明代替；若保证人为商户的，提供其营业执照即可）。

②经营材料　营业执照、组织机构代码证等原件及复印件；农民专业合作社章程及其规定的有关决议文件；法定代表人有效身份证件原件及复印件；最近3个月的财务报表；最近半年以上（含半年）的主要银行账户对账单；银行认为有必要提供的其他材料。

（2）农民专业合作社法人　合作社法人贷款除了提供普通社员贷款所需的经营材料外，还需要提供以下材料：近2年财务报告，最近3个月的财务报表；自贷款申请日起近2年的增值税与所得税完税凭证（或企业提供税务登记号由银行人员进行查询）；

最大自然人股东有效身份证件；财务负责人有效身份证件；开户许可证。

（四）家庭农场（专业大户）贷款的申请

Q27 什么是家庭农场（专业大户）贷款?

家庭农场是指以家庭成员为主要劳动力，从事农业规模化、集约化、商品化生产经营，并以农业收入为家庭主要收入来源的新型农业经营主体。专业大户是指从事种植、养殖业或其他与农业相关的经营服务达到一定规模、专业化生产经营的新型农业经营主体。

家庭农场（专业大户）贷款是指中国邮政储蓄银行向家庭农场（专业大户）等新型农业经营主体发放的个人生产经营性贷款。

Q28 申请家庭农场（专业大户）贷款的借款人应具备哪些条件?

借款人应具备以下条件才能申请家庭农场（专业大户）贷款。

◎ 20 周岁（含 20 周岁）至 60 周岁（含 60 周岁）之间，具有完全民事行为能力的自然人。

◎ 具有当地户口或在当地连续居住 1 年以上。

◎ 必须已婚（含离异、丧偶），家庭成员中有 2 名（含 2 名）以上的劳动力。

◎ 应从事符合国家产业政策的生产经营活动，且应连续正常经营 1 年以上（含 1 年）。

◎ 贷款用途正当、合理，有一定的自有资金和经营管理能力，有一定的农业生产经营能力，有稳定的土地供给，有生产经营风险保障机制，有稳定的销售渠道。

Q29 家庭农场（专业大户）贷款额度如何规定？

信用贷款单笔金额最高 5 万元，保证贷款单笔金额最高 50 万元，抵（质）押及法人保证贷款单笔金额最高 500 万元。详情请咨询当地分支机构。

Q30 家庭农场（专业大户）贷款期限如何规定？

贷款期限最长 24 个月。

Q31 家庭农场（专业大户）贷款有哪些还款方式？

（1）等额本息还款法　贷款期限内每期以相等的金额偿还贷款本息。

（2）阶段性等额本息还款法　贷款宽限期内只偿还贷款利息，超过宽限期后按照等额本息还款法偿还贷款。

（3）按周期付息，到期一次性还本　贷款期限内，每周期偿还利息，贷款到期后，偿还贷款本金。

（4）一次性还本付息法　贷款到期日一次性归还贷款本息。

Q32 家庭农场（专业大户）贷款的担保方式有哪些？

本产品可采用的担保方式包括信用保证、自然人保证、法人保证和抵（质）押担保。

Q33 申请家庭农场（专业大户）贷款需要哪些材料？

家庭农场（专业大户）向中国邮政储蓄银行申请贷款时须提供以下材料。

◎ 本人及配偶的身份证原件及复印件、婚姻状况证明原件及复印件（结婚证或夫妻户口在一起的户口簿）。

◎ 由其他自然人（或法人）为贷款申请人提供保证担保的，担保人应经过银行审核（或准入），并根据银行要求提供相关证明材料。

◎ 办理贷款所需的其他材料。

（五）农业产业链贷款的申请

Q34 什么是农业产业链贷款？

农业产业链贷款是指与农业产业链核心企业合作，向与核心企业保持长期合作关系并签订合同的借款人发放的生产经营性人民币贷款。

Q35 **申请农业产业链贷款的借款人应具备哪些条件?**

除根据借款人类型,满足对应的小额贷款制度、家庭农场贷款制度或合作社贷款的借款人准入条件外,还须同时满足以下条件。

◎ 借款人独立自主经营,有明确、合理的贷款资金需求。

◎ 借款人为核心企业的上游或下游客户,与核心企业的合作期限至少在 1 年以上(含 1 年),且与核心企业签订合同。

◎ 借款人在核心企业的推荐名单中。

◎ 借款人能够提供最近 12 个月与核心企业的交易结算账户银行流水(交易结算账户必须为借款人本人、其配偶或经营实体有限责任公司名下,下同)。

◎ 借款人与核心企业的交易结算账户应在该行开立,接受银行监督。

◎ 借款人须承诺,未结清贷款前不与核心企业终止合作。

◎ 业务办理行规定的其他条件。

Q36 **申请农业产业链贷款需要哪些材料?**

借款人除相关制度要求外,还须提供以下材料。

◎ 借款人最近 12 个月与核心企业的交易结算账户银行流水。

◎ 借款人与核心企业签订的合同。

◎ 借款人与核心企业之间的交易凭证、单据等(如确实没有则不强制要求,但须核心企业出具书面说明)。

◎ 经办行要求的其他材料。

Q37 农业产业链贷款有哪些其他规定？

根据借款人类型，贷款最高额度、最长期限、还款方式和担保措施均对应按照传统小额贷款、家庭农场贷款或合作社贷款执行。

（六）土地承包经营权抵押贷款的申请

Q38 什么是土地承包经营权抵押贷款？

土地承包经营权是通过家庭承包或招标、拍卖、公开协商等方式取得用于农副产品种养（包括林业、畜牧业）的土地承包经营权，且须依法登记取得土地承包经营权属证明。

土地承包经营权抵押贷款即中国邮政储蓄银行以土地承包经营权抵押为担保方式向从事与农村经济发展有关的生产经营活动的客户群体发放的、用于满足其生产经营活动资金需求的贷款。

Q39 申请土地承包经营权抵押贷款的借款人应具备哪些条件？

土地承包经营权抵押贷款业务的贷款对象包括农村专业合作社实际控制人、家庭农场主、专业大户、普通农户（包括符合个人商务贷款条件的涉农个商客户）、农民专业合作社法人客户等从事农业生产经营活动的主体。

申请土地承包经营权抵押贷款的借款人应具备以下条件。

◎ 满足借款人所属经营主体相应制度的基本准入标准。

◎ 合法取得农村土地承包经营权，其承包经营的剩余期限必须在 5 年以上，且超过土地附着种养物的 2 个生产经营周期。

◎ 具备专业种养经营的成熟技术和相关设施条件，具备有效的市场渠道，且从事种养及加工生产经营时间不低于 2 年。

Q40 土地承包经营权抵押贷款额度如何规定？

贷款额度根据借款人资金需求、还款能力及抵押物的评估价值综合确定。详情请垂询当地分支机构。

Q41 土地承包经营权抵押贷款期限如何规定？

贷款期限须符合借款人所属经营主体相应制度的规定。

Q42 土地承包经营权抵押贷款有哪些还款方式？

（1）等额本息还款法　贷款期限内每期以相等的金额偿还贷款本息。

（2）阶段性等额本息还款法　贷款宽限期内只偿还贷款利息，超过宽限期后按照等额本息还款法偿还贷款。

（3）按周期付息，到期一次性还本　贷款期限内，每周期偿还利息，贷款到期后，偿还贷款本金。

（4）一次性还本付息法　贷款到期日一次性归还贷款本息。

Q43 申请土地承包经营权抵押贷款需要哪些材料？

◎ 本人及配偶的身份证原件及复印件、婚姻状况证明原件及复印件（结婚证或夫妻户口在一起的户口簿）。

◎ 抵押土地经营权的权属证明，即农村土地承包经营权证等。对于以转包方式获得土地经营权的，还需提供土地承包经营权流转合同。

◎ 办理贷款所需的其他材料。

（七）再就业小额担保贷款的申请

Q44 什么是再就业小额担保贷款？

中国邮政储蓄银行与人力资源与社会保障部门、妇联、共青团、扶贫办、农委等政府部门合作，向遵纪守法、诚实守信、有劳动能力和就业愿望的再就业人员及创业人员发放的，用于扶持其创业、再就业的担保贷款。

Q45 申请再就业小额担保贷款的借款人应具备哪些条件？

◎ 18 周岁（含 18 周岁）至 60 周岁（含 60 周岁）之间，具有完全民事行为能力的自然人。

◎ 具有当地户口或在当地连续居住 1 年以上。

◎ 借款人应连续正常经营 3 个月以上。

◎ 贷款用途正当、合理，有一定的自有资金和经营管理能力。

Q46 再就业小额担保贷款额度如何规定？

贷款单笔金额最高 30 万元；合伙经营或组织起来就业的，单笔金额最高 50 万元。

Q47 再就业小额担保贷款期限如何规定？

贷款期限最长 24 个月。

Q48 再就业小额担保贷款有哪些还款方式？

（1）等额本息还款法　贷款期限内每期以相等的金额偿还贷款本息。

（2）阶段性等额本息还款法　贷款宽限期内只偿还贷款利息，超过宽限期后按照等额本息还款法偿还贷款。

（3）按周期付息，到期一次性还本　贷款期限内，每周期偿还利息，贷款到期后，偿还贷款本金。

（4）一次性还本付息法　贷款到期日一次性归还贷款本息。

Q49 再就业小额担保贷款的担保方式有哪些？

本产品可采用的担保方式包括联保、自然人保证、法人保证和抵（质）押担保。

Q50 **申请再就业小额担保贷款需要哪些材料？**

再就业小额担保贷款的申请材料主要包括以下 5 类。

◎ 本人身份证原件及复印件。

◎ 本人及配偶的身份证原件及复印件、婚姻状况证明原件及复印件（结婚证或夫妻户口在一起的户口簿）。

◎ 合作机构出具的审查审批意见书。

◎ 由其他自然人（或法人）为贷款申请人提供保证担保的，担保人应经过银行审核（或准入），并根据银行要求提供相关证明材料。

◎ 办理贷款所需的其他材料。

农村信用社农户贷款产品的申请

四

（一）小额信用贷款的申请

Q1 什么是农村信用社小额信用贷款？

农户小额信用贷款是信用社以农户的信誉为保证，在核定的额度和期限内发放的小额信用贷款。农户小额信用贷款采取"一次核定、随用随贷、余额控制、周转使用"的管理办法。农户小额信用贷款使用农户贷款证。贷款证以农户为单位，一户一证，不得出租、出借或转让（详情见《农村信用社农户小额信用贷款管理暂行办法》）。

Q2 申请信用社小额信用贷款的借款人应满足什么条件？

信用社小额信用贷款借款人要满足以下基本条件。

◎ 社区内的农户或个体经营户，具有完全民事行为能力。

◎ 信用观念强、资信状况良好。

◎ 从事土地耕作或其他符合国家产业政策的生产经营活动，并有可靠收入。

◎ 家庭成员中必须有具有劳动生产或经营管理的劳动力。

Q3 农户资信评定、贷款额度确定的步骤有哪些？

农户的资信评定和贷款额度确定主要有 3 个步骤。

> 农户向农村信用社提出小额信用贷款申请

⬇

> 信贷人员调查农户生产资金需求和家庭经济收入情况，掌握借款人的信用条件，并提出初步意见

⬇

> 由资信评定小组根据信贷人员所在地社员代表或村民委员会提供的情况，确定贷款额度，核发贷款证

Q4 农户资信评定标准是什么？

"优秀"等级的标准：①3年内在信用社贷款并按时偿还本息，无不良记录；②家庭年人均纯收入在2 000元以上；③自有资金占生产所需资金的50%以上。

"较好"等级的标准：①有稳定可靠的收入来源，基本不欠贷款；②家庭年人均纯收入在1 000元以上。

"一般"等级的标准：①家庭有基本劳动力；②家庭年人均纯收入在500元以上。

各地可根据实际情况确定具体评定标准、评定方法。农户小额信用贷款额度依据农户信用等级核定，最高额度由人民银行各中心支行和信用社县（市）联社商定。

Q5 信用社小额信用贷款的用途如何规定？

借款人申请的信用社小额信用贷款须用于以下用途。

◎ 种植业、养殖业等农业生产。

◎ 为农业生产服务的个体经营。

◎ 购买农机具。

◎ 小型农田水利基本建设。

Q6 信用社小额信用贷款的发放有哪些规定？

对已核定贷款额度的农户，在期限和额度内农户凭贷款证、户口簿或身份证到信用社办理贷款，或由信用社信贷人员根据农户要求到农户家中直接发放，逐笔填写借据。信用社要以户为单位设立登记台账，并根据变更情况更换台账。贷款证的记录必须与信用社的台账保持一致。不一致时，以借据为准。对随意改变贷款用途、出租、出借和转让贷款证的农户，应立即取消其小额信用贷款资格。

Q7 信用社小额信用贷款的贷后管理工作包括什么？

贷款发放后，信贷员要经常深入农户，了解和掌握农户的生产经营情况和贷款使用情况，加强贷后管理。信贷员要对提供给资信评定小组考察材料的真实性负责。

Q8 信用社小额信用贷款期限如何规定？

农户小额信用贷款期限根据生产经营活动的周期确定，原则上不超过 1 年。因特大自然灾害而造成绝收的，可延期归还。

Q9 信用社小额信用贷款利率如何规定？

农户小额信用贷款按人民银行公布的贷款基准利率和浮动幅

度适当优惠。农户小额信用贷款的结息方式与一般贷款相同。

（二）农户贷款证贷款的申请

Q10 什么是农户贷款证贷款?

农户贷款证贷款是指农村信用社向持有贷款证的农户发放的贷款,只有被评定为信用户、持有农村信用社颁发的农户贷款证的农户,才能向农村信用社申请贷款证贷款。在贷款证的有效期内贷款,不必每次贷款都进行全部的审查程序,简化了贷款环节,提高了效率。

Q11 什么是农户贷款证?

贷款证是农户向信用社申请借款的资格证明,用于登记农户基本经济情况、存款情况、贷款发放及回收情况等内容。它由信用社在对农户进行资信调查的时候核定信用等级的基础上,核定单户贷款最高控制限额。贷款证以农户为单位,一户一证,不得出租出借或转让。由信用社所辖网点按属地管理原则对农户颁发。

Q12 农户贷款证有哪些用处?

农户贷款证是农村信用社对农户借款资格的证明,申请农户小额贷款必须持有贷款证。凭农户贷款证可以办理小额信用贷款,不需要提供担保，而且贷款简单方便。

Q13 农户申请贷款证需要什么条件？

农户申请贷款证需要满足以下条件。

◎ 社区内的农户或个体经营户，具有完全民事行为能力。

◎ 信用观念强、资信状况良好。

◎ 从事土地耕作或其他符合国家产业政策的生产经营活动并有可靠收入。

◎ 家庭成员中必须有具有劳动生产或经营管理能力的劳动力。

Q14 农户如何申请贷款证？

农户申请贷款证，可以到农村信用社直接办理或通过农村信用社的客户经理及其他工作人员办理。农户贷款证与农户信用等级有直接的联系，农户被评定信用等级后，就可以申请贷款证。

Q15 农户申请贷款证需要哪些材料？

申请贷款证应填写农村信用社统一印制的农户小额信贷审批书，提供有效的证件，如身份证。填写农户小额信用贷款审批书可在农村信用社经理、社员或其他工作人员的指导下进行，主要内容包括借款人姓名、住址、联系电话、身份证号码、借款金额、原因及用途、还款资金来源等。农村信用社根据农户的贷款最高金额，由客户经理填制农户贷款证，加盖公章后发给农户。

对农户来讲，在申请贷款证的过程中，主要是按照农村信用社客户经理要求，提供个人及家庭的基本情况，配合填写申请表格，配合农村信用社开展调查等。

Q16 信用社对申请贷款证的农户审查哪些方面？

农户提出贷款证申请后，农村信用社要对农户资格进行审查，审查主要包括 8 个方面。

◎ 申请贷款的农户的户口应在农村信用社的服务区域内。

◎ 申请贷款的农户应具有完全民事行为能力，基本条件是年满 18 周岁、智力正常；申请贷款的农户要讲信用，没有故意欠账不还等不讲信用的情况。

◎ 从事的生产经营活动符合国家法律、政策，并有可靠的收入，如种地、养殖、加工等。

◎ 家庭成员中必须具有至少一个劳动力。

◎ 申请人要有有效的身份证。

◎ 申请人有固定的家庭住址。

◎ 农户家庭成员品行端正。

◎ 农村信用社认为需要调查的其他事项，由客户经理根据具体情况提出，一般不做要求。

Q17 农户贷款证需登记哪些内容？

农户贷款证中主要登记 6 个方面的内容。

◎ 农户的基本情况，包括借款人的家庭住址、联系方式、身份证号码等。

◎ 保证人的基本情况，包括姓名、住址，或者抵押物的情况。

◎ 可以申请贷款的最高数额。

◎ 农户每次贷款、还款情况和贷款余额。

◎ 贷款证的有效期。贷款证的有效期各地规定不同，一般是1年，有的是2年。

◎ 农村信用社的联系人及联系方式等。

Q18 贷款证发放程序是什么？

农村信用社发放贷款证主要有以下5个步骤。

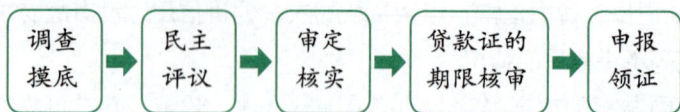

调查摸底 ➡ 民主评议 ➡ 审定核实 ➡ 贷款证的期限核审 ➡ 申报领证

（1）**调查摸底** 农村信用社要主动会同村干部对辖区内的农户进行普遍调查，对符合发证条件的农户进行造册登记。

（2）**民主评议** 信用社及时将调查结果张榜公布，遵循平等自愿、公平诚实信用的原则，召开辖区内的社员大会或社员代表大会，对申请办证的农户进行民主评议，按照评议结果，分类确认信用等级。

（3）**审定核实** 信用社根据掌握的实际情况，结合民主评议初定，然后由信用社农户资信小组核定，对符合条件的农户进行颁发。

（4）**贷款证的期限核审** 一般定为三年一核审，并根据农户信誉变化具体情况一年一调整。

（5）**申报领证** 符合条件的农户必须向发证信用社提交印章、身份证、书面申请（内容包括户主姓名、身份证号码、地址、家庭人口、年收支情况和资金需求等情况）以及相关的资料。经审核验证无误后，颁发盖有"三章"（信用社行政公章、信贷员私章、农户预留印鉴）的贷款证。

Q19 出现哪些情况信用社可以收回农户的贷款证？

贷款证是由农村信用社发放的，只要农户按规定使用，按时归还贷款本息，农村信用社不会收回，但是出现以下情况农村信用社可以收回农户贷款证。

◎ 贷款证到了有效期，农户不重新办理的。

◎ 农户贷款到期不还或者拖欠利息，出现了逾期的情况。

◎ 农户不按规定使用贷款证，向他人出租、出借、转让及其他不符合规定用途的。

Q20 贷款证到期后怎么办？

贷款证到期后，如果农户不想再持有贷款证，可以直接将贷款证退还给农村信用社。如果农户还想继续持有贷款证，需要向农村信用社提出继续使用贷款证的申请，农村信用社会根据农户的历史还款情况、贷款证使用情况、信用情况等信息来决定是否给农户重新换发新贷款证，还是延长原贷款证的使用期限，或者是收回贷款证。

Q21 有了贷款证后，农户如何办理贷款手续？

有了农户贷款证后，农户携带贷款证、身份证（户口本）和股金证等材料到农村信用社通过信贷专柜或者通过客户经理办理小额贷款的手续，填写借款凭证，经工作人员审查无误后即可获得贷款。

（三）农户联户联保贷款的申请

Q22 什么是农户联户联保贷款？

农户联户联保贷款是指有借款需求的 3 ～ 5 户非亲属关系的农户和个体经营户自愿组成联保小组，农村信用社对联保小组成员发放的、并由联保小组成员相互承担连带责任的贷款。

Q23 什么是联保小组？

联保小组是由相互之间没有直系亲属关系的农户组成，一般为 3 ～ 5 户，为其中某成员申请保证贷款提供联合担保的自发性组织，小组成员相互之间要承担连带保证责任。

Q24 具备哪些条件的借款人可以自愿组成联保小组？

具备以下条件的借款人可以自愿组成联保小组。

◎ 具有完全民事行为能力。

◎ 单独立户，经济独立，在贷款人服务区域内有固定住所。

◎ 具有贷款资金需求。

◎ 具有合法、稳定的收入。

◎ 在贷款人处开立存款账户。

Q25 联保小组如何申请？

设立联保小组应当向贷款人提出申请，经贷款人核准后，所有成员应当共同与贷款人签署联保协议。联保小组自联保协议签署之日设立。联保协议有效期由借贷双方协商议定，但最长不得超过 3 年。联保协议期满，经贷款人同意后可以续签。

Q26 联保小组的成员应当履行哪些职责？

联保小组的所有成员应当遵循"自愿组合、诚实守信、风险共担"的原则，履行下列职责。

◎ 按照借款合同约定偿付贷款本息。

◎ 督促联保小组其他成员履行借款合同，当其他借款人发生贷款挪用或其他影响贷款偿还的情况时，及时报告贷款人。

◎ 在贷款本息未还清前，联保小组成员不得随意转让、毁损用贷款购买的物资和财产。

◎ 对联保小组其他借款人的借款债务承担连带保证责任，在借款人不能按期归还贷款本息时，小组其他成员代为偿还贷款本息。

◎ 民主选举联保小组组长。

◎ 共同决定联保小组的变更和解散事宜。

Q27 联保小组成员可以退出联保小组吗？

联保小组全体成员偿还贷款人所有贷款本息后，成员可以在通知联保小组其他成员后自愿退出联保小组。未全部清偿的，经联保小组全体成员一致同意和贷款人审查同意后，该成员可以退出联保小组。经联保小组成员一致同意，可以开除违反联保协议的成员，并责令被开除者在退出前还清所有欠款。联保小组成员变更后，必须与贷款人重新签署联保协议。

Q28 什么情况下联保小组解散？

出现下列情况之一的，联保小组解散。

◎ 联保小组成员少于贷款人规定的最低户数。

◎ 根据联保协议约定或经联保小组成员共同协商决定解散。

◎ 联保小组半数以上成员无力承担连带担保责任。

◎ 联保小组严重违反联保协议。

联保协议期内，联保小组解散，联保小组成员仍应按照联保协议履行偿还贷款本息和保证义务，联保协议至联保小组全体成员付清所欠贷款人贷款本息后终止。

Q29 在农户联户联保贷款中，成员还清本人借款后，是否还要承担连带责任？

要承担连带责任。按照法律规定，贷款行可向联保户中任一成员追索欠款。所以，建议在多户联保贷款时要慎重选择联保户，另外还可签订反担保协议。

Q30 农户联户联保贷款可以用于哪些用途？

农户联户联保贷款可以用于以下用途。

◎ 种植业、养殖业等农业生产。

◎ 加工业、手工业、商业等个体经营。

◎ 消费。

◎ 助学。

◎ 贷款人同意的其他用途。

Q31 什么是联户联保互助金？

联保小组成员在贷款时应拿出借款额的 1%~5% 存入农村信用社作为联保小组的互助金。互助金归小组成员所有，如借款人不能按期还清贷款本息，农村信用社可以直接划扣互助金；联保小组全体成员还清贷款后方可动用联保互助金。

Q32 农户联保贷款限额如何规定？

贷款人应根据联保小组各成员贷款的实际需求、还款能力、信用记录和联保小组的代偿能力，核定联保小组成员的贷款限额，联保小组各成员的贷款限额应相同。

对单个联保小组成员的最高贷款限额由各省级信用合作管理部门根据地方经济发展、当地居民收入和需求、农村信用社的资金供应等状况确定。贷款人可根据借款人还款情况调整贷款额度。

在联保协议有效期内，借款者本人在原有的贷款额度内可周转使用贷款。

Q33 农户联保贷款期限如何规定?

联保贷款期限由贷款人根据借款人生产经营活动的周期确定,但最长不得超过联保协议的期限。期限超过 1 年的,从贷款期限满 1 年起,应分次偿还本金。

Q34 农户联保贷款利率及结息方式如何规定?

联保贷款利率及结息方式由贷款人在适当优惠的前提下,根据小组成员的存款利率、费用成本和贷款风险等情况与借款人协商确定,但利率不得高于同期法定的最高浮动范围。农户联保贷款按季结息。分次偿还本金的,按贷款本金余额计收利息。

Q35 联保小组的组长是怎样产生的? 组长有哪些职责?

联保小组的组长由小组成员推荐选举产生。联保小组组长的职责主要有以下 3 点。

◎ 代表联保小组向农村信用社提出成立联保小组的申请,农村信用社同意后,代表联保小组向农村信用社申请办理联保小组成员借款,负责具体事项的联系。

◎ 联保小组组长应负责协助贷款人管理贷款,及时了解借款人的生产经营情况和贷款使用情况,并及时告知贷款人。

◎ 负责保管小组互助金和联保小组活期存款等。

农户贷款的担保方式

五

（一）担　保

Q1 担保是什么？

担保是为了保证债权实现而采取的法律措施。担保是法律规定或当事人约定的，以当事人的一定财产为基础，能够用以督促债务人履行债务、保证合同的正常履行和保障债权实现的方法。担保法上的担保，又称债权担保、债的担保、债务担保，是个总括的概念。

Q2 担保的重要作用是什么？

债权的担保所具有的社会经济作用，即能促进资金融通和商品流通，保障债权的实现。债权担保制度作为担保债权实现的重要制度，一开始就与金钱借贷关系息息相关。现今，债权担保的意义已不仅是单纯的担保问题，而且可能通过担保借贷关系的安全实现来推动借贷关系的蓬勃开展，对促进资金融通起到了不容忽视的积极作用。债权担保主要是通过媒介来发挥促进资金融通的作用。

担保的作用主要表现在以下两方面。

◎ 债权担保制度的存在，使拥有货币的人放心大胆地贷放资金而又有所保障。作为借出货币的债权人或银行，可以利用保证、抵押权、质权等手段救济债权损失。在物的担保的情况下，债权人还可以通过行使担保物权，从特定担保物中实现优先受偿。所以债权人不必担心因债务不履行而遭受不测之险，其贷放资金的经济动机可以正常实现。其债权一旦受到担保的有力保护，债权人势必会乐此不疲，进而积极主动地寻求贷款对象，以便获取贷款利息，实现其利润增值。可见，债权担保制度能够鼓励债权人放心大胆地贷放手中的资金，从而加快货币循环过程，在全社会范围内促进资金的融通。

◎ 无钱或缺钱的人在借入一定资金后，原则上并不因为设立担保就使他失去了对其物的用益权或处分权。在保证中，保证人不会因为替他人作保而受到制约，也即其生产经营活动不受影响；而在抵押、质押、留置等物的担保中，情况有些复杂，但总体上来说，担保物的实体所有权仍留于担保人手中。债权担保有价值性或变价性，一般是以物的交换价值为债权清偿。提供担保的债务人在履行债务期间仍然拥有担保物的所有权或用益权，只是在实际上有一定限制而已。

因此，通过设立债权担保，债务人不但如愿取得贷款，而且仍旧可以处分或用益担保物。尤其是在物的担保中，债务人既达到了贷款的目的，同时又使其特定担保物的作用得到充分发挥，即物的价值和使用价值都起到了应有的作用。

Q3 常见的担保方式有哪些？

担保的方式有保证、抵押、质押、定金、留置共 5 种方式。担保的标的物可以是动产、不动产、无形资产、有价证券等，绝对禁止以人身作为标的物的担保（详情见《中华人民共和国担保法》）。

（二）保证担保

Q4 什么是保证担保？

保证担保，是指保证人和债权人约定，当债务人不履行债务，保证人按照约定履行债务或者承担责任的行为。

保证的方式有一般保证和连带责任保证。

Q5 保证合同包括哪些内容？

保证合同应当包括以下内容。

◎ 被保证的主债权种类、数额。

◎ 债务人履行债务的期限。

◎ 保证的方式。

◎ 保证担保的范围。

◎ 保证的期间。

◎ 双方认为需要约定的其他事项。

保证合同不完全具备前款规定内容的，可以补正。

Q6 什么是一般保证？

当事人在保证合同中约定，债务人不能履行债务时，由保证人承担保证责任的，为一般保证。一般保证的保证人在主合同纠纷未经审判或者仲裁，并就债务人财产依法强制执行仍不能履行债务前，对债权人可以拒绝承担保证责任。

有下列情形之一的，保证人不得行使前款规定的权利：①债务人住所变更，致使债权人要求其履行债务发生重大困难的；②人民法院受理债务人破产案件，中止执行程序的；③保证人以书面形式放弃前款规定的权利的。

一般保证的保证人与债权人未约定保证期间的，保证期间为主债务履行期届满之日起 6 个月。

在合同约定的保证期间和前款规定的保证期间，债权人未对债务人提起诉讼或者申请仲裁的，保证人免除保证责任；债权人已提起诉讼或者申请仲裁的，保证期间适用诉讼时效中断的规定。

Q7 什么是连带责任保证？

当事人在保证合同中约定保证人与债务人对债务承担连带责任的，为连带责任保证。连带责任保证的债务人在主合同规定的债务履行期届满没有履行债务的，债权人可以要求债务人履行债务，也可以要求保证人在其保证范围内承担保证责任。

当事人对保证方式没有约定或者约定不明确的，按照连带责任保证承担保证责任。

连带责任保证的保证人与债权人未约定保证期间的，债权人有权自主债务履行期届满之日起 6 个月内要求保证人承担保证责任。

在合同约定的保证期间和前款规定的保证期间，债权人未要求保证人承担保证责任的，保证人免除保证责任。

Q8 保证人承担保证责任后，有权向债务人追偿吗？

债务履行期届满债务人不能履行债务时，由保证人代主债务人履行债务或者承担责任，保证人承担保证责任后，有权向债务人追偿。保证人之所以向债权人履行债务，是因为其根据合同承担了保证责任，先行替债务人向债权人履行了债务，但并非保证人自身欠债权人的债务。保证人承担保证责任后，实际上就取代了债权人的地位，保证人有权在其承担责任的限度内向债务人追偿。保证人对债务人行使追偿权的诉讼时效，自人民法院对主债权的判决生效之日起开始计算。

Q9 保证人在哪些情况下不承担任何民事责任？

保证人不承担民事责任主要有以下几种情况。

◎ 主合同当事人双方串通，骗取保证人提供保证的。

◎ 主合同债权人采取欺诈、胁迫等手段，使保证人在违背真实意思的情况下提供保证的。

◎ 主合同债务人采取欺诈、胁迫等手段，使保证人在违背真实意思的情况下提供保证的，债权人知道或者应当知道欺诈、胁迫事实的。

（三）抵押担保

Q10 什么是抵押担保？抵押担保有哪些特点？

抵押担保是指债务人或者第三人不转移对某一特定物的占有，而将该财产作为债权的担保，债务人不履行债务时，债权人有权依照担保法的规定以该财产折价或者以拍卖、变卖该财产的价款优先受偿。

抵押担保的债权是指通过在债务人或第三人的财产上设定的抵押权而担保其实现的债权。在承认抵押权从属性立法的国家和地区，抵押权设定的目的是为了保障债权的实现，维护债权人的合法权益。因此，对于抵押权所担保的债权种类，法律一般不作限制，债权的发生原因对抵押权的实现并无影响，如税法上的债权，也可作为抵押权担保的债权。

抵押担保的特点：①抵押人可以是第三人，也可以是债务人自己。这与保证担保不同，在保证担保中，债务人自己不能作为担保人。②抵押物是动产，也可以是不动产。这与质押不同，质物只能是动产。③抵押人不转移抵押物的占有，抵押人可以继续占有、使用抵押物。这也与质押不同，质押担保的质物必须转移于质权人占有。④抵押担保以抵押人（债权人）行使优先受偿权，而实现优先受偿权是抵押权的核心内容。⑤抵押权的行使必须以债务人不履行债务为前提。

Q11 实现抵押权有哪些方式？

抵押权实现的前提条件是债务履行期届满，债权人的债权未受到债务人的清偿。这时，债权人与债务人可以协议选择以下 3 种清偿方式。

（1）**折价方式**　抵押权人可以与抵押人协议，以折价的方式清偿债务。采用折价方式，也应在债务履行期届满债务人不能履行债务以后；而不能在订抵押合同时，在合同中约定在债务人不能清偿债务时，抵押物就归债权人所有。因为，在订立抵押合同时，债务人处于紧迫需要的弱势地位，如果允许此时协议折价，易产生对债务人不公平的后果。即使在债务履行期届满债务人不能清偿债务的情况下，双方协议，也应当参照市场价格对抵押物折价，实行多退少补的原则。

（2）**拍卖方式**　拍卖又称为竞卖，是指以公开竞价的方法把标的物卖给出价最高的人。采用拍卖的方式能够最大限度地体现被拍卖财产的价值，公平地体现抵押物的担保效能。有条件采取拍卖方式的，应当首先采用拍卖方式。

（3）**变卖方式**　变卖是一种普通的买卖方式，为了公平地体现抵押物的价值，要求变卖参照当地的市场价格。

上述是抵押权人与抵押人通过协议实现债权的方式。如果协议不成，抵押权人不得自行将抵押物拍卖或者变卖，因为，在实现抵押权之前，抵押物在抵押人处占有，抵押人对抵押物可能正处于使用、生产经营之中，抵押权人自行拍卖、变卖抵押物易引起纠纷。所以法律要求，协议不成的，抵押权人可以向法院提起诉讼，通过诉讼程序实现抵押权。

Q12 哪些财产可以抵押？

以下财产可以抵押。

◎ 抵押人所有的房屋和其他地上定着物。

◎ 抵押人所有的机器、交通运输工具和其他财产。

◎ 抵押人依法有权处分的国有的土地使用权、房屋和其他地上定着物。

◎ 抵押人依法有权处分的国有的机器、交通运输工具和其他财产。

◎ 抵押人依法承包并经发包方同意抵押的荒山、荒沟、荒丘、荒滩等荒地的土地使用权。

◎ 依法可以抵押的其他财产。

抵押人可以将以上所列财产一并抵押。

Q13 哪些财产不可以抵押？

下列财产不得抵押。

◎ 土地所有权。

◎ 耕地、宅基地、自留地、自留山等集体所有的土地使用权，法律有其他规定的除外。

◎ 学校、幼儿园、医院等以公益为目的的事业单位、社会团体的教育设施、医疗卫生设施和其他社会公益设施。

◎ 所有权、使用权不明或者有争议的财产。

◎ 依法被查封、扣押、监管的财产。

◎ 依法不得抵押的其他财产。

Q14 抵押合同包括哪些内容?

抵押合同应当包括以下内容。

◎ 被担保的主债权种类、数额。

◎ 债务人履行债务的期限。

◎ 抵押物的名称、数量、质量、状况、所在地、所有权权属或者使用权权属。

◎ 抵押担保的范围。

◎ 当事人认为需要约定的其他事项。

抵押合同不完全具备前款规定内容的,可以补正。

Q15 哪些部门可办理抵押物登记?

办理抵押物登记的部门如下。

◎ 以无地上定着物的土地使用权抵押的,为核发土地使用权证书的土地管理部门。

◎ 以城市房地产或者乡(镇)、村企业的厂房等建筑物抵押的,为县级以上地方人民政府规定的部门。

◎ 以林木抵押的,为县级以上林木主管部门。

◎ 以航空器、船舶、车辆抵押的,为运输工具的登记部门。

◎ 以企业的设备和其他动产抵押的,为财产所在地的工商行政管理部门。

Q16 什么是最高额抵押？最高额抵押有哪些特点？

最高额抵押，是指抵押人与抵押权人协议，在最高债权额限度内，以一定期间内连续发生的债权作担保。

最高额抵押具有以下特点。

◎最高额抵押所担保的债权额是确定的，但实际发生的债权额是不确定的。设定最高额抵押时，债权尚未发生，为保证将来债权的实现，抵押权人与抵押人协议商定担保的最高债权额度，抵押人以其抵押财产在此额度内对债权作担保。比如，张某以一处房产为抵押物，与债权人李某签订了一份担保将来可能发生的100万元债权的最高额抵押合同。

◎最高额抵押是对一定期间内连续发生的债权作担保。所谓一定期间，是指发生债权的期间，比如，从2001年1月1日至2001年12月31日发生的债权，抵押人对这个期间发生的债权作担保。所谓连续发生的债权，是指实际发生的债权次数是不确定的，并且是接连发生的，比如，张某在1月向李某借款20万元，3月又借了30万元，5月又借了40万元，6月还了60万元，8月又借了40万元，以此类推，张某在这一年之内借了还，还了借，只要借款余额不超过100万元，张某抵押的房产对这一年之内发生的不超过100万元的借款的偿还作担保。可见，最高额抵押以一次订立的抵押合同，进行一次抵押物登记就可以对一个时期内多次发生的债权作担保，既省时、省力、省钱，又可以加速资金流通，有利于促进经济发展。

◎最高额抵押只适用于贷款合同以及债权人与债务人就某项商品在一定期间内连续发生交易而签订的合同。规定某项商品在一定期间内连续发生的交易可以适用最高额抵押方式，主要是为了简化手续，方便当事人，有利于生产经营。

　◎ 最高额抵押的主合同债权不得转让。最高额抵押所有担保的债权在合同约定的期间内经常发生变更，处于不稳定状态，如果允许主合同债权转让，必然会发生最高额抵押权是否随之转让的问题，以及对以后再发生的债权如何担保等问题。在我国市场机制尚未完善的情况下，为保障信贷和交易安全，暂规定最高额抵押的主合同债权不得转让。

（四）质押担保

Q17 什么是质押担保？

　质押担保是指债务人或者第三人将其动产或者汇票、支票、本票、债券、存款单等权利凭证移交债权人占有，将该动产作为债权的担保。但是用于质押登记的有价证券票面金额不得低于借款本息金额。质押担保的质物只能是动产。

Q18 哪些权利可以质押？

下列权利可以质押。

　◎ 汇票、支票、本票、债券、存款单、仓单、提单。

　◎ 依法可以转让的股份、股票。

　◎ 依法可以转让的商标专用权，专利权、著作权中的财产权。

　◎ 依法可以质押的其他权利。

Q19 什么是动产质押?

动产质押,是指债务人或者第三人将其动产移交债权人占有,将该动产作为债权的担保。债务人不履行债务时,债权人有权依照法律规定以该动产折价或者以拍卖、变卖该动产的价款优先受偿。

Q20 动产质押合同包括哪些内容?

质押合同应当包括以下内容。
◎ 被担保的主债权种类、数额。
◎ 债务人履行债务的期限。
◎ 质物的名称、数量、质量、状况。
◎ 质押担保的范围。
◎ 质物移交的时间。
◎ 当事人认为需要约定的其他事项。

质押合同不完全具备前款规定内容的,可以补正。自质物移交于质权人占有时生效。

Q21 动产质押担保的范围是什么?

质押担保的范围包括主债权及利息、违约金、损害赔偿金、质物保管费用和实现质权的费用。质押合同另有约定的,按照约定。

Q22 质权人有哪些权利和义务？

质权人有权收取质物所生的孳息。质押合同另有约定的，按照约定。前款孳息应当先充抵收取孳息的费用。

质权人负有妥善保管质物的义务。因保管不善致使质物灭失或者毁损的，质权人应当承担民事责任。

质权人不能妥善保管质物可能致使其灭失或者毁损的，出质人可以要求质权人将质物提存，或者要求提前清偿债权而返还质物。

（五）定金担保

Q23 什么是定金？

定金是债的一种担保方式，当事人可以依据法律的规定，约定一方向另一方给付定金作为债权的担保。债务人履行债务后，给付定金的一方有权收回定金，或者将定金抵作价款；给付定金的一方不履行债务的，则无权要求返还定金。收受定金的一方不履行债务的，应当将双倍的定金返还给付定金的一方。

Q24 定金担保有哪些特点？

定金担保作为一种担保方式，具有以下特点。

◎ 定金合同的成立不仅需要双方当事人的意思表示一致，而且还必须有交付定金的行为。

　◎ 定金担保的主合同，一般是给付金钱债务的合同。

　◎ 法律对定金的数额有限制，即不能超过主合同标的额的20%。

Q25 定金的效力表现在哪些方面？

当事人约定以交付定金作为订立主合同担保的，给付定金的一方拒绝订立主合同的，无权要求返还定金；收受定金的一方拒绝订立主合同的，应当双倍返还定金。

当事人约定以交付定金作为主合同成立或者生效要件的，给付定金的一方未支付定金，但主合同已经履行或者已经履行主要部分的，不影响主合同的成立或者生效。

定金交付后，交付定金的一方可以按照合同的约定以丧失定金为代价而解除主合同，收受定金的一方可以双倍返还定金为代价而解除主合同。对解除主合同后责任的处理，适用《中华人民共和国合同法》的规定。

当事人交付留置金、担保金、保证金、押金或者定金等，但没有约定定金性质的，当事人主张定金权利的，人民法院不予支持。

实际交付的定金数额多于或者少于约定数额，视为变更定金合同；收受定金一方提出异议并拒绝接受定金的，定金合同不生效。

因当事人一方迟延履行或者其他违约行为，致使合同目的不能实现，可以适用定金罚则。但法律另有规定或者当事人另有约定的除外。

当事人一方不完全履行合同的，应当按照未履行部分所占合同约定内容的比例，适用定金罚则。

当事人约定的定金数额超过主合同标的额 20% 的，超过的部分，人民法院不予支持。

因不可抗力、意外事件致使主合同不能履行的，不适用定金罚则。因合同关系以外第三人的过错，致使主合同不能履行的，适用定金罚则。受定金处罚的一方当事人，可以依法向第三人追偿。

Q26 **由于他人的过错致使主合同不能履行的，适用定金罚则吗？**

我国合同法规定，当事人一方因第三人原因造成违约的，应当向对方承担违约责任。当事人一方和第三人之间的纠纷，依照法律规定或按照约定解决。根据该原则，因第三人的原因违约不能免除违约责任，故也不能免除定金罚则。因合同关系以外的第三人的过错，致使主合同不能履行的，在适用定金罚则后，受定金处罚的一方当事人，可以依法向第三人追偿。

（六）留置担保

Q27 **什么是留置担保？留置担保有哪些特点？**

留置担保是指债权人因保管合同、运输合同、加工承揽合同依法占有债务人的动产，债务人不按照合同约定的期限履行债务的，债权人有权依照法律规定留置该财产，以留置财产折价或者以拍卖、变卖该留置物的所得价款中优先得到清偿。

留置担保是我国经济生活中较普遍存在的一种合同担保形式。如在货物运输合同中，托运人或收货人不按规定交付运费或其他费用时，承运人即可对承运货物取得留置权等。

留置担保设定的目的，是督促债务人及时履行义务，在债务人清偿债务之前，债权人有占有留置物的权利。当规定的留置期限届满后，债务人仍然不履行债务的，债权人可以依照法律规定折价或者拍卖、变卖留置物，并从所得价款中得到清偿。如果债务人在规定期限内履行了义务，债权人应当返还留置物，不得滥用留置权。

留置担保具有以下特点：①留置担保，依照法律规定直接产生留置权，不需要当事人之间有约定为前提。②留置的财产必须是动产。③留置的动产与主合同有牵连关系，即因主合同合法占有的动产。④留置权的实现，不得少于留置财产后 2 个月的期限。⑤留置权人就留置物有优先受偿的权利。

Q28 留置担保适用于哪些合同？

留置担保只限于法律有明文规定的保管合同、运输合同、加工承揽合同的范围内行使。法律未作规定的，不适用留置担保这种方式。

保管合同是指保管人有偿地保管寄托人交付的寄托物，并在期限届满或依寄托人请求时将原物返还寄托人的合同。运输合同是指承运人按照约定的时间和运输方式在规定期限内将承运的货物运送到指定的地点，货物托运人为此支付运费的一种协议。加工承揽合同是指一方用自己的设备、技术和劳力，依照他方的要求完成一定的工作，他方应接受所完成的工作并给付约定报酬的协议。加工承揽合同的标的是劳动成果，不论体力劳动和脑力劳动成果，也不论成果在客观上有无财产上的价值，均可成为加工承揽合同的标的。

法律之所以限制留置担保只适用于这 3 类合同，是与我国的市场经济尚在过渡之中相适应的。随着我国市场经济的深化和与之相适应的法律制度不断完善，留置担保的适用范围也会依法律规定逐步扩大。

Q29 留置担保需要当事人之间订立合同吗？

留置是债权人以继续占有控制债务人的财产，迫使债务人履行债务的担保方式。留置担保是债权人依照法律的规定而直接享有的权利，具有直接支配留置物的效力，属于法定担保物权，它不能由双方当事人自由约定，而必须是法律直接规定，可以说，留置担保的成立条件、适用范围、担保范围、留置权的效力、留置权的消灭都由法律明确规定，不能由当事人约定，这是留置权与其他担保物权的区别之一。既然不用当事人约定，当然也就不存在需要当事人之间订立合同的问题。

Q30 债务人在什么情况下可以取回留置物？

债务人在两种情况下可以取回留置物：一是主合同有约定，即债权人留置财产后，债务人在不少于 2 个月的期限内履行债务，或者主合同中没有约定期限，债权人确定 2 个月以上的期限，通知债务人在该期限内履行债务，债务人在此宽限期内履行了债务，债务人有权取回留置物。二是债务人在上述期间另行提供了担保，被债权人接受的情况下，有权取回留置物。另行提供的担保可以是第三人作保证，也可以是抵押或质押担保，只要被债权人所接受就可以。在上述两种情况下，债权人也有义务返还留置物。

Q31 债权人应当如何实现留置权？

留置权人留置债务人的财产后，经过约定或者债权人通知的2个月以上的期限而债务人仍未履行债务的，债权人可以与债务人协议以留置物折价清偿债务，也可以直接将留置物拍卖，没有拍卖条件的，可以按照市场价格变卖，以拍卖、变卖的价款优先受偿。

留置物折价或者拍卖、变卖后，其价款超过债权数额的部分归债务人所有，不足部分由债务人继续清偿。

Q32 债权人的债权未到清偿期，其交付标的物的期限已经届期，债权人能行使留置权吗？

留置担保成立的条件之一是债务人不按照合同约定履行债务，在债权人的债权未到清偿期的情况下如果允许债权人行使留置权，等于承认对未到履行期的债务可以强制提前履行，违背了合同的基本原则。所以，债权人的债权未到清偿期，其交付标的物的期限已经届期，债权人不能行使留置权。但是，在债务人丧失清偿能力而不能履行债务的事实存在时，即使债权未到清偿期，为保障债权的实现也可以成立留置权。例如债务人破产的，即使债权未到清偿期，债权人也可以行使留置权。因此，债务人丧失清偿能力而债权未到清偿期时，债权人对其占有的债务人的动产，可以行使留置权。

Q33 债权人在哪些特殊情况下不得行使留置权？

留置权因具备一定条件而成立，但是在某些情况下，留置权虽成立也不得行使。

◎ 债权人留置债务人的财产同债权人所承担的义务相抵触，或者违背债务人交付财产前或者交付财产时的指示，或者违反公序良俗时，不得行使留置权。

◎ 当事人事先约定排除留置权的，或者债权人事先明示放弃留置权的，不得行使留置权。

◎ 合同约定双方同时履行义务的，或者对履行义务的顺序没有约定或者约定不明，或者对履行期限没有约定或者约定不明的，双方当事人因此均未履行义务，债务人依照合同法的规定行使同时履行抗辩权的，债权人不能行使留置权。

农户信用

（一）信用评级

Q1 什么是信用？

信用是遵守诺言、实践成约，从而取得别人的信任。信用是社会经济发展的必然产物，是现代经济社会运行中必不可少的一环。维持和发展信用关系，是保护社会经济秩序的重要前提。

Q2 什么是信用评级？

信用评级是商业银行、金融机构确定贷款风险程度的依据和信贷资产风险管理的基础。企业作为经济活动的主体单位，与银行有着密切的信用往来关系，银行信贷是其生产发展的重要资金来源之一，其生产经营活动状况的好坏、行为的规范与否，直接关系到银行信贷资金使用好坏和效益高低。这就要求银行对企业的经营活动、经营成果、获利能力、偿债能力等给予科学的评价，以确定信贷资产损失的不确定程度，最大限度地防范贷款风险。

（二）农村信用体系建设

Q3 什么是农村信用体系建设？

农村信用体系建设是中国人民银行和各级政府部门共同开展

的系列工作，是社会主义新农村建设的重要内容。农村信用体系建设包括采集农户等农村经济主体的基本信息、为农村经济主体建立信用档案、开展农村信用意识宣传教育、对诚实守信的农村经济主体经济给予支持和鼓励等多项政策和措施。

Q4 农村信用体系建设的主要内容是什么？

建设农村信用体系需要开展以下事项。
◎ 搭建宣传教育平台。
◎ 建立农户电子信用档案。
◎ 开展农户信用评价。
◎ 建设"信用户""信用村"和"信用乡（镇）"。
◎ 支持农户小额信用贷款。

Q5 为什么要开展农村信用体系建设？

开展农村信用体系建设，对促进农村金融的稳健运行、农村基础建设和现代农业发展、农村经济繁荣和农民增收具有重要意义。开展农村信用体系建设，可以增强农户信用意识，改善农村信用环境，防范农村信贷风险，能有效缓解农民"贷款难"问题。开展农村信用体系建设是贯彻落实科学发展观，支持社会主义新农村建设，构建社会主义和谐社会，推动县域经济和城乡统筹发展的现实需要。

Q6 农村信用体系建设的意义是什么？

开展农村信用体系建设可以促进农村形成良好的信用氛围，吸引更多的资金支持新农村建设。从农民和农村企业的角度来说，能充分发挥自身的信用资源优势，及时、便捷地获得银行贷款支持，促进农村企业的长效发展和农民致富增收；从农村金融部门的角度来说，有利于了解和掌握农民的信用度，更好地执行"区别对待，择优扶持"的信贷政策，提高支农资金的配置速度和效率，切实解决农民"贷款难"问题；从各级党委政府的角度来说，通过引入"遵纪守法""自觉履行公共义务"等社会信用的考核机制，有利于推进精神文明建设，提高政府行政效率。

Q7 农村信用体系建设的参与者有哪些？

农村信用体系建设由政府主导，人民银行、银监部门和政府有关部门联合推动，农村金融机构、村委会、农户、农民专业合作组织及涉农企业等多方参与。

Q8 地方党政在农村信用体系建设中如何发挥主导作用？

地方党政是农村信用体系建设中的组织者和领导者。其主导作用主要包括：营造良好的政策环境；理顺部门关系，明确各自责任，将农村信用体系建设纳入地方政府目标考核管理；督促政府相关部门制定具体的配套支持政策，主动运用评价结果，出台激励惩戒措施等。

（三）农户信用档案

Q9 什么是农户信用档案?

农户信用档案是涉农金融机构根据农户特点建立的为金融机构信贷评分、授权授信、信贷管理服务的一种农户信用信息档案。

农户信用档案是人民银行组织涉农金融机构,联合政府有关部门建立的农户信用信息历史记录。

农户信用信息主要来源于农户自主填报的信息,村乡基层行政组织和其他相关涉农部门也可以提供所掌握的农户信用信息。

Q10 农户信用档案的主要内容有哪些?

农户信用档案以"户"为单位,即一个家庭一个档案,主要包括以下信息。

（1）**基本信息** 户主姓名、家庭成员与户主关系、居住地、居住时间、住房性质、专业技能、身份证号码等。

（2）**家庭收支信息** 收入状况、支出情况、家庭消费、购置固定资产、其他支出等。

（3）**资产负债信息** 房产、机动车辆、家畜产品估价、民间借入余额、银行贷款余额、其他负债等。

（4）**贷款和参保信息** 包括是否贷过款,在哪家金融机构贷款,贷款的额度、期限、利率、用途和相关信息等;也包括参加农业保险、人寿保险、财产保险的情况以及投保金额的情况。

（5）**其他信息**　是否欠交税费、家庭是否和睦、担保信息、村委会评价、违法违纪信息等情况。

随着条件的成熟，农户档案还将采集更多的信息，便于全面反映农户的信用状况。

Q11　为什么要建立农户信用档案？

建立农户信用档案可以缓解农村金融机构和农户之间严重的信息不对称问题，增大农村金融机构的农户信贷投入，对于促进农民收入增加，扩大农村消费市场，实现农村"保增长、促就业、保稳定"等有着十分重要的意义。

Q12　农户信用档案如何采集和更新？

该项工作由地方政府统筹领导，基层人民银行进行业务指导和协调，涉农金融机构在农村基层组织的配合下组织实施。通过相关单位提供资料和实地走访农户，收集农户信用信息，建立农户家庭（包括人员、劳力、经济收支、信贷需求等情况）电子档案并录入业务系统。通过了解农户家庭的信用信息变化状态，及时修改、完善和更新农户相关信息。

Q13　农户信用档案的运用意义是什么？

运用农户信用档案的意义在于健全守信激励和失信约束机制。充分运用农户信用评价结果，在开展农户信贷业务中以农户信用评价为参考，在授信额度、审批权限、服务种类、贷款利率、抵

（质）押物、推荐评优等方面实行差别政策，对信用良好的农户给予优惠和便利，对信用不良的农户予以限制。目前在许多地方，农村信用体系建设的范围已经延伸到许多与农村经济相关的领域。模范守信的农户不仅可以得到贷款、利率等农村金融服务方面的优惠，甚至在农村医疗、农业技术服务、农业生产资料需求等更多的方面都能够得到相应的实惠。

（四）信用户、信用村、信用乡（镇）

Q14 什么是信用户？

信用户是具有良好信用状况的农户代表。户主具有完全民事行为能力，在社会经济交往中，具有良好信用意识和信用行为。信用户的基本素养包括：遵守国家的法律法规，依法经营，照章纳税；邻里团结，家庭和睦，崇尚科学，诚实守信；在金融机构中信誉良好，无拖欠贷款利息、变更贷款用途等行为。

Q15 信用户的评定标准和程序是什么？

信用户的产生具有严格的评定标准和程序：信用户一般是由当地涉农金融机构和基层政府组织组成的评审委员会进行评定；设立各项参评指标，并将各项指标细化为不同的分值；涉农金融机构依据评选条件，在辖内借款人中提出信用户的名单；评审委员会根据相关标准进行打分和现场考察，最后综合相关情况评定；发布评审结果并张榜公布或授牌。

Q16 评上信用户有哪些优惠？

评上信用户后，会给农户带来实实在在的优惠。

（1）**授信增加** 金融机构将给予信用户更多的贷款支持。

（2）**贷款优先** 金融机构会优先满足信用户在生产、生活、消费、经营等方面的合理资金需求。

（3）**利率优惠** 在国家规定的金融机构现行贷款基准利率基础上下浮。

Q17 哪些行为会阻碍农户评上信用户？

阻碍农户评上信用户的行为主要有以下 4 类。

◎ 违法违纪行为，如贿赂、贪污、赌博、群体性事件等。

◎ 金融机构贷款及民间贷款后逾期不还、拖欠债务的。

◎ 负债严重，资不抵债的。

◎ 乡镇、村委等基层组织评价其个人信用状况不良的。

Q18 什么是信用村、信用乡（镇）？

信用村是指具有良好信用状况的行政村。信用乡（镇）是指具有良好信用状况的行政乡（镇），在这个行政乡（镇）中，绝大多数村是信用村。信用村、信用乡（镇）中，绝大多数农户是信用户，没有或极少发生农户、农业专业合作组织及农村企业恶意逃废银行信贷的行为。乡（镇）、村民道德、信用良好，乡（镇）、村经济发展状况较好或发展速度较佳。乡（镇）、村组干部廉洁，具有较强的领导能力，在社会经济发展中具有守信的表率作用，群众评价较高，能积极协助金融机构清收贷款。

Q19 信用村、信用乡（镇）是如何评定的？

信用村和信用乡（镇）的产生具有较严格的标准和程序：评定信用村和信用乡（镇）的主体一般由当地农村信用体系建设领导小组等机构和组织担任；设立各项参评指标（基本情况、主要经济指标、组织建设、履约状况、金融供需情况），并将各项指标细化为不同的分值；参评单位申请，评审小组根据相关标准进行打分和现场考察，最后综合相关情况评定；发布评审结果和授牌。

Q20 评上信用村、信用乡（镇）有哪些优惠？

评上信用村、信用乡（镇）后，金融机构将根据事先制定的优惠办法给予信贷授信和贷款利率优惠，金融机构还可能给予更多的金融创新服务；政府相关部门在涉农资金和扶贫额等政策方面给予一定的倾斜，使农户和其他经济主体得到实实在在的优惠。一些地方信用村、信用乡（镇）的创建给诚实守信又有能力的基层村组干部提供了更好的发展空间。

（五）农村信用社信用等级评定

Q21 农村信用社个人申请信用等级评定应具备哪些条件？

个人申请信用等级评定应具备以下基本条件。

◎ 年满 18 周岁且不超过 60 周岁，具有完全民事行为能力，具有有效的身份证件。

◎ 有正当的职业和合法的经济收入，具有按期偿还贷款本息的能力。

◎ 从事经营活动合规合法，信用状况良好，自愿接受农村信用社的信贷监督与检查。

◎ 无不良信用记录。

◎ 农村信用社规定的其他条件。

Q22 哪些申请人不能列为农村信用社信用等级评定对象？

以下申请人不能列为农村信用社信用等级评定对象。

◎ 在金融机构有逃废金融债务行为。

◎ 对贷款已核销、置换或被金融机构评为次级类（含）以下级的企业及其承担保证担保责任的企业法定代表人合伙制企业的出资人。

◎ 被金融机构评为次级类（含）以下贷款或为次级类（含）以下贷款担保的。

◎ 5 年内被法院强制执行偿还农村信用社欠款的。

◎ 涉嫌犯罪正在接受调查，或因犯罪受到法律处罚的。

Q23 农村信用社信用等级评定需要提供哪些材料？

评定对象必须向农村信用社提供下列材料并保证其内容的真实性。

◎ 申请书。

◎ 身份证、户口簿、学历证书、结婚证明等材料。

◎ 行政、企事业单位人员提供由供职单位出具的职务、职称和工作年限的证明等材料。

◎ 个体工商户提供《工商营业执照》《生产经营许可证》和纳税证明等证明其经营合规、合法的材料。

◎ 个人家庭经济收入情况材料，如工资卡（折）、个人纳税证明、单位或雇主出具的收入证明、房屋租赁合同等。

◎ 个人开立的存款账户，存款业务发生的情况等相关材料。

◎ 农村信用社要求提供的其他材料。

Q24 农村信用社城镇个人信用等级评定包括哪些内容？

农村信用社城镇个人信用等级评定内容分为自然情况、职业及经营情况、家庭情况、与农村信用社关系等。

◎ 自然情况是指评定对象的婚姻状况、文化程度、户籍等个人基本情况。

◎ 职业及经营情况是指评定对象的职业、工作年限、职务、职称或从业年限、生产经营情况。

◎ 家庭情况是指评定对象的家庭人员个人信誉、家庭人均月固定收入和支出、家庭资产负债率和家庭住房等。

◎ 与农村信用社关系是指是否为农村信用社员工、在农村信用社开户、存款余额、业务往来及其他借款情况。

中国邮政储蓄银行农户信用评级标准见表3。

表3 中国邮政储蓄银行农户信用评级表

客户姓名：
生产经营项目：

评级指标及权重		评级标准	分值	得分
家庭结构（15分）	借款人年龄（3分）	20～30岁	2	
		31～45岁	3	
		46～60岁	1	
	劳动力数量（3分）	4人及以上	3	
		3人	2	
		2人	1	
		1人	0	
	婚姻状况（2分）	已婚有子女	2	
		已婚无子女	1	
		离异	0	
	家庭人口素质和技能状况（7分）	家庭人口文化素质高，无不正当行为（赌博、贩毒等），有一定技术特长和较强的劳动创收能力	7	
		家庭人口有一定的文化和农业劳动技术、无不正当行为，有一定的劳动创收能力	5	
		家庭人口无不正当行为，有种养业一般技术和从业经验，能以劳养家	3	
		具备种养业基础条件，无不正当行为，有劳动能力，通过信贷支持能够创收并偿还债务	1	

续表

评级指标及权重		评级标准	分值	得分
偿债意愿 （37分）	信用状况 （11分）	诚实守信，无不良商业或社会记录，无贷款逾期记录	11	
		诚实守信，有轻微不良商业或社会记录，但不影响客户整体信用，无贷款逾期记录或有逾期但已及时还款	8	
		有重大影响客户信用状况的不良商业或社会记录，或有恶意拖欠贷款行为	0	
	社会信誉状况 （4分）	户主有较高社会声望及荣誉，家庭在社会上有较高的信誉评价或被乡镇评为"双文明户"或"五好家庭"等	4	
		户主社会声望及荣誉良好，家庭在社会上有良好的信誉评价	3	
		家庭在社会上有一定的信誉评价	2	
		家庭在社会上没有负面评价	1	
	社会关系状况 （4分）	同村民、邻里之间关系良好，未发生过任何纠纷	4	
		同村民、邻里之间关系一般，未发生过大的纠纷	2	
		同村民、邻里之间关系较差，经常发生纠纷	0	
	家庭责任感 （12分）	家庭责任感强（孝敬父母、关爱子女、家庭和睦等）	12	
		家庭责任感一般	7	
		没有家庭责任感	0	
	生活习惯 （6分）	生活习惯良好，没有不良嗜好	6	
		生活习惯良好，有轻微不良嗜好，但不影响正常生产或经营活动	3	
		具有酗酒、赌博等不良习惯	0	
偿债能力 （40分）	家庭人均年纯收入 （10分）	家庭人均年纯收入在当地平均水平200%（含）以上	10	
		家庭人均年纯收入在当地平均水平150%（含）~200%之间	8	

续表

评级指标及权重		评级标准	分值	得分
偿债能力（40分）	家庭人均年纯收入（10分）	家庭人均年纯收入在当地平均水平100%（含）～150%之间	6	
		家庭年人均纯收入在当地平均水平80%（含）～100%之间	4	
		家庭年人均纯收入在当地平均水平60%（含）～80%之间	2	
		家庭年人均纯收入在当地平均水平60%以下	0	
	家庭生活水平及财产状况（10分）	家庭生活条件在当地处于上游水平、财产较多	10	
		家庭生活条件在当地处于中等偏上、有一定的财产	8	
		家庭生活条件在当地处于中等水平、财产一般	5	
		家庭生活条件在当地处于中等偏下	2	
		家庭生活条件在当地处于下游水平	0	
	家庭生产经营条件及效益（10分）	家庭生产经营条件好、经营效益好，经济收入稳定，具有较强的按期偿还各种债务的能力	10	
		家庭生产经营条件较好、经营效益较好，经济收入较稳定，具有按期偿还各种债务的能力	7	
		家庭生产经营条件一般、经营效益一般，有一定的经济收入	4	
		家庭生产经营条件较差、经营效益较差，收入不稳定	0	
	自有资金比例（10分）	自有资金占生产、经营、消费所需资金的60%（含）以上	10	
		自有资金占生产、经营、消费所需资金的45%（含）～60%	7	
		自有资金占生产、经营、消费所需资金的30%（含）～45%	4	
		自有资金占生产、经营、消费所需资金的30%以下	0	

续表

评级指标及权重		评级标准	分值	得分
其他（8分）	业务往来（5分）	在邮储开立账户并将80%（含）以上的收入（以人均纯收入计算，下同）存入邮储机构的	5	
		在邮储开立账户，存款金额在收入的50%（含）~80%的	4	
		在邮储开立账户，存款金额在收入的50%以下	3	
		未在邮储开立账户的	0	
	综合印象（3分）	印象良好	3	
		印象一般	0	
评分合计				

注：各地可以根据当地的实际情况对信用评级的指标进行恰当的调整。

Q25 农村信用社城镇个人信用等级是如何划分的？

农村信用社根据评定对象个人的资信情况采用记分方法评定其信用等级，总分为100分。各类评定对象均应按表4中的评分指标、计分标准和计分方法进行评分，按得分将信用等级分为AAA级、AA级、A级、BBB级、BB级、B级、C级7个等级。

表4 个人信用等级评分对照表

信用等级	AAA	AA	A	BBB	BB	B	C
信用评分	100~90	90~80	80~70	70~60	60~50	50~40	40以下

注：本表各信用等级对应的综合分含下限不含上限，最高分除外。

AAA级：生产经营、劳务活动状况极佳；借款人素质和社会信誉优良；偿贷能力和意愿很强；发展前景好。

AA 级：生产经营、劳务活动状况良好；借款人素质和信用记录良好；偿贷能力和意愿较强；发展前景较好。

A 级：生产经营、劳务活动状况稳定；借款人素质和信用记录较好；偿贷能力和意愿次强；发展前景稳定。

BBB 级：生产经营和劳务活动合规；借款人素质和信用记录一般；偿贷能力和意愿一般；有需要关注的问题。

BB 级：生产经营和劳务活动不正常，偿贷能力较弱，发展前景不稳定。

B 级：个人生产管理、技术水平较低，没有发展前景，偿贷能力很弱。

C 级：个人行为出现违法、违规，为《贷款分类指导原则》中的可疑或损失类的客户。

城镇个人信用等级评定的内容、标准由农村信用社内部管理使用，不得对外公布。

Q26 农村信用社信用等级评定有有效期吗？

信用等级评定有有效期，有效期为 1 年。

Q27 什么情况下农村信用社会下调信用户的信用等级？

评定信用户出现下列情况，要及时下调其信用等级。

◎ 贷款本金或利息逾期 30 ~ 90（含）天，信用评分扣 10 ~ 20 分，下调 1 ~ 2 个信用等级；贷款本金或利息逾期 90 天以上或贷款已被划分为次级类，信用评分扣 50 分，信用等级下调至相应等级；贷款已形成呆帐贷款或被划分为可疑、损失类，信用评分扣 60 分,信用等级下调至相应等级。

◎ 贷款使用期间,擅自改变贷款用途,扣 10 ～ 20 分,下调 1 ～ 2 个信用等级;将贷款挪给第三人使用的,对挪用者、使用者扣 30 分,下调 3 个信用等级,下调日起 2 年内不调增信用等级。

◎ 个人出现违规、违法经营和偷逃税行为受到相关主管部门的查处、处罚,信用评分扣 20 ～ 30 分,信用等级下调 2 ～ 3 个信用等级;个人涉嫌犯罪或正受到法律处罚、司法调查的,信用评分扣 60 分,信用等级下调至 C 级,取消其以后 5 年内参加信用等级评定的资格。

如客户发生重大变故,农村信用社有权提前取消客户信用等级。重大变故包括申请人死亡、失踪、丧失民事行为能力、失去稳定收入来源、发生不良贷款或超出自身还款能力的担保等。

Q28 农村信用社评定个人信用等级的步骤是什么?

农村信用社信用等级的评定依次经过如下 5 个步骤。

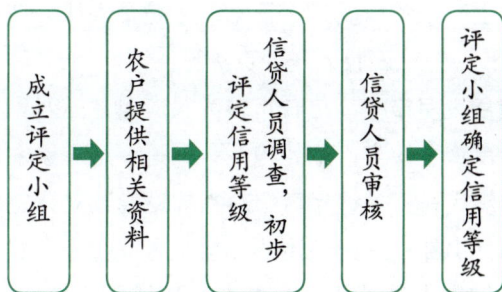

成立评定小组 → 农户提供相关资料 → 信贷人员调查,评定信用等级,初步 → 信贷人员审核 → 评定小组确定信用等级

(1)成立评定小组 通常农村信用社成立城镇个人信用等级评定小组,根据各信用社的实际情况确定小组成员的构成,可以吸收社区干部、辖区民警、集贸市场管理人员等组成评定小组,

农村信用社评定人员对信用等级的评定负责，承担信用等级评定不准的责任。

（2）**农户提供相关资料**　农户作为评定对象必须向农村信用社提供下列资料并保证其内容的真实性：一是申请书；二是身份证、户口簿、学历证书、结婚证明等；三是行政、企事业单位人员提供由供职单位出具的职务、职称和工作年限的证明等；四是个体工商户提供《工商营业执照》《生产经营许可证》和纳税证明等证明其经营合规、合法的资料；五是个人家庭经济收入情况的资料，如工资卡（折）、个人纳税证明、单位或雇主出具的收入证明、房屋租赁合同等；六是个人开立的存款账户，存款业务发生的情况等相关资料；七是农村信用社要求提供的其他材料。

（3）**信贷人员调查，初步评定信用等级**　信贷调查人员在收到申请人提出的评定申请后，应于 2 个工作日内到申请人所在的单位、社区、市场等进行调查，收集评定对象的各类资料，严格按计分标准准确计分，对信用等级进行初步的评定，及时上报各类评定资料。调查内容：一是申请人是否具备主体资格；二是个人的工作、生产经营情况是否正常；三是个人社会信誉、偿贷意愿是否良好；四是家庭收入是否真实等。

（4）**信贷人员审核**　信贷审核人员应对评定对象和评定资料进行认真的审查、核实，主要包括：一是评定对象主体和基本条件是否符合规定；二是评定对象有无故意隐瞒对评定结果产生重大影响的不良事件；三是评定的资料是否完整、有效，内容是否真实；四是信贷人员对评定对象的评分是否准确。在此基础上，形成明确的审查意见。

（5）**评定小组确定信用等级**　信用评定小组在收到上报的评定资料后，在较短时间内，组织小组成员进行信用等级评定。

Q29 评不上信用户就不能申请贷款吗？

评不上信用户的农户，不是不能申请贷款了。没有参加或者未评上信用等级的农户，在需要贷款时，也可以申请贷款，与评上信用等级的农户相比，除了不能申请信用贷款外，其他的贷款条件都是一样的，只能申请需要质押、抵押、担保的贷款。同时，贷款还要采取逐笔申请、逐笔审查、逐笔审批的办法，手续相对较繁琐。当然，对于那些信誉较差、长期拖欠农村信用社贷款不还的赖债户，农村信用社不再给其贷款。

（六）个人征信系统和信用报告

Q30 什么是个人征信系统？

个人征信系统又称消费者信用信息系统，主要为消费信贷机构提供个人信用分析。随着客户要求的提高，个人征信系统的数据已经不局限于信用记录等传统运营范畴，注意力逐渐转向提供社会综合数据服务的业务领域中来。个人征信系统含有广泛而精确的消费者信息，可以解决顾客信息量不足对企业市场营销的约束，帮助企业以最有效的、最经济的方式接触到自己的目标客户，因而具有极高的市场价值，个人征信系统应用也扩展到直销和零售等领域。美国个人征信机构的利润有 1/3 是来自直销或数据库营销，个人征信系统已被广泛运用到企业的营销活动中。

Q31 个人征信系统有哪些主要功能？

◎ 帮助商业银行核实客户身份，杜绝信贷欺诈、保证信贷交易的合法性。

◎ 全面反映个人的信用状况，通过获得信贷的难易程度、金额大小、利率高低等因素的不同，奖励守信者，惩戒失信者。

◎ 利用个人征信系统遍布全国各地的网络及其对个人信贷交易等重大经济活动的影响，提高法院、环保局、税务局、工商局等政府部门的行政执法力度。

◎ 通过个人征信系统的约束性和影响力，培养和提高个人遵守法律、尊重规则、尊重合同、恪守信用的意识，提高社会诚信水平，建设和谐美好的社会。

Q32 什么是个人信用报告？

个人信用报告是个人征信系统提供的最基础产品，它记录了客户与银行之间发生的信贷交易的历史信息，只要客户在银行办理过信用卡、贷款、为他人贷款担保等信贷业务，他在银行登记过的基本信息和账户信息就会通过商业银行的数据报送而进入个人征信系统，从而形成了客户的信用报告。

Q33 个人信用报告包括哪些内容？

个人信用报告中的信息主要有 6 个方面：公安部身份信息核查结果、个人基本信息、银行信贷交易信息、非银行信用信息、本人声明及异议标注和查询历史信息。

◎ 公安部身份信息核查结果实时来自于公安部公民信息共享平台的信息。

◎ 个人基本信息包括身份信息、婚姻信息、居住信息、职业信息等内容。

◎ 银行信贷交易信息是客户在各商业银行或者其他授信机构办理的贷款或信用卡账户的明细和汇总信息。

◎ 非银行信用信息是个人征信系统从其他部门采集的、可以反映客户收入、缴欠费或其他资产状况的信息。

◎ 本人声明是客户本人对信用报告中某些无法核实的异议所做的说明。异议标注是征信中心异议处理人员针对信用报告中异议信息所做的标注或因技术原因无法及时对异议事项进行更正时所做的特别说明。

◎ 查询历史信息展示何机构或何人在何时以何种理由查询过该人的信用报告。

Q34 目前个人信用报告有哪些版本？主要的查询主体分别是什么？

目前个人信用报告有 3 个版本。

个人版：供消费者了解自己信用状况，主要展示了信息主体的信贷信息和公共信息等。包括个人版和个人明细版。

银行版：主要供商业银行查询，在信用交易信息中，该报告不展示除查询机构外的其他贷款银行或授信机构的名称，目的是保护商业秘密，维护公平竞争。

社会版：供消费者开立股指期货账户，此版本展示了客户的信用汇总信息，主要包括个人的执业资格记录、行政奖励和处罚记录、法院诉讼和强制执行记录、欠税记录、社会保险记录、住房公积金记录以及信用交易记录。

Q35 征信信息从哪里来？

征信机构从信用信息产生的源头采集信息，具体来说，征信信息主要来自以下两类机构：①提供信贷业务的机构。主要是商业银行、农村信用社、小额贷款公司等专业化的提供信贷业务的机构。②其他机构。包括个人住房公积金中心、个人养老保险金等机构。

此外，上述部分机构还提供个人的地址、联系方式等基本信息，而这些信息是由个人在办理业务时提供给这些机构的。

Q36 消费者本人可以查询自己的信用报告吗？

当然可以，这是个人作为信用报告主体享有的知情权，根据《征信业管理条例》的规定，个人有权每年 2 次免费获取本人的信用报告。

Q37 个人信用报告的查询途径有哪些？

查询个人信用报告有两种途径。

（1）去当地人民银行征信部门进行查询　根据《金融信用信息基础数据库本人信用报告查询业务规程》（银征信中心〔2013〕97 号）规定：个人可以亲自或委托代理人查询个人信用报告。

①本人查询信用报告　个人向查询点查询信用报告的，应提

供本人有效身份证件原件供查验，同时填写《个人信用报告本人查询申请表》，并留有效身份证件复印件备查。

有效身份证件包括身份证（第二代身份证须复印正反两面）、军官证、士兵证、护照、港澳居民来往内地通行证、台湾同胞来往内地通行证、外国人居留证等。

②委托他人查询信用报告　委托他人代理向查询点查询个人信用报告的，代理人应提供委托人和代理人的有效身份证件原件、授权委托公证证明供查验，同时填写《个人信用报告本人查询申请表》，并留委托人和代理人的有效身份证件复印件、授权委托公证证明原件备查。

（2）在中国人民银行征信中心网站查询　可登录中国人民银行征信中心个人信用信息服务平台（https://ipcrs.pbccrc.org.cn）进行查询。

Q38 查询信用报告收费吗？

按照《征信业管理条例》和《国家发展改革委关于中国人民银行征信中心服务收费标准有关问题的批复》（发改价格〔2016〕54号）规定，中国人民银行征信中心自2016年1月15日起，个人到柜台查询自身信用报告，每年第3次起的收费标准由每次25元降低至10元，通过互联网查询及每年前2次到柜台查询继续实行免费。

Q39 能查询家人或朋友的信用报告吗？

在没有得到他人授权的情况下，个人是无权查询他人信用报告的。但如果您取得了他人的授权，应提供委托人和代理人的有效身份证件原件、授权委托公证证明供查验，同时填写《个人信用报告本人查询申请表》，并留委托人和代理人的有效身份证件复印件、授权委托公证证明原件备查。

Q40 哪些机构在办理哪些业务时可以使用个人信用报告？

个人信用报告的使用目前仅限于商业银行、依法办理信贷的金融机构（主要是住房公积金管理中心、财务公司、汽车金融公司、小额信贷公司等）和中国人民银行，消费者也可以在中国人民银行获取到自己的信用报告。根据使用对象的不同，个人征信系统提供不同版式的个人信用报告，包括银行版、个人查询版和征信中心内部版 3 种版式，分别服务于商业银行类金融机构、消费者和人民银行。不管是商业银行、消费者还是中国人民银行，查询者查询个人信用报告时都必须取得被查询人的书面授权，且留存被查询人的身份证件复印件。

个人征信系统已实现了在全国所有商业银行分支机构都能接入并查询任何个人在全国范围内的信用信息。根据《个人信用信息基础数据库暂行管理办法》的规定，商业银行仅在办理如下业务时，可以使用个人征信系统查询个人信用报告：①审核个人贷款、贷记卡、准贷记卡申请的；②审核个人作为担保人的；③对已发放的个人信贷进行贷后风险管理的；④受理法人或其他组织的贷款申请或其作为担保人，需要查询其法定代表人及出资人信用状况的。

消费者可以向征信中心、征信分中心以及当地的中国人民银行分支行征信管理部门等查询机构提出查询本人信用报告的书面申请。只需填写《个人信用报告本人查询申请表》，同时提供有效身份证件供查验，并留身份证件复印件备查。

Q41 在征信分中心与互联网查询的个人信用报告（个人版）有哪些差异？

征信分中心查询到的个人信用报告（个人版）是在征信系统内联网端生成的，互联网查询到的个人信用报告（个人版）是通过个人征信系统在互联网存储的信息生成的。两网端查询到的信用报告基本相同，但由于两网数据无法实时交互及出于保护信息安全的原因，两网查询到的报告还存在少许差异。

在征信分中心查询的与互联网查询的个人信用报告的差异主要表现在以下 3 方面。

◎ 出于安全性考虑，互联网端查询的个人信用报告（个人版）中客户的证件号码只展示后 4 位数字，其余数字用星号屏蔽；征信分中心查询的个人信用报告（个人版）中的客户证件号码全部展示。

◎ 互联网端查询的报告中"当年通过互联网查询报告次数"会实时更新；分中心查询的报告中此项会在 1 天后更新。分中心查询的报告中的查询记录段明细在内联网进行查询后会实时更新；互联网端查询的报告中此段会在 1 天后更新。

◎ 数据报送机构以非报文方式更新身份信息、信贷记录或历史逾期记录时，在分中心查询的信用报告中会展示最新的修改结果；而互联网端查询的报告中会在 1 天后更新修改结果。

Q42 个人信用报告中展示的信息错误，本人可以向中国人民银行分支机构提出异议申请吗？如何提出？

若个人信用报告中展示的信息错误，本人可以提出异议申请。需要本人亲自到现场提出异议申请，届时，带上本人有效身份证件的原件及复印件，其中复印件要留给查询机构备查。个人有效身份证件包括身份证、军官证、士兵证、护照、港澳居民来往内地通行证、台湾同胞来往内地通行证、外国人居留证等。另外，在查询时，您还需如实填写《个人信用报告异议申请表》。

Q43 可以委托他人向中国人民银行分支机构提出异议申请吗？应携带哪些材料？

可以委托他人提出异议申请。委托他人代理提出异议申请的，代理人应提供委托人和代理人的有效身份证件原件、授权委托书原件供查验，同时填写《个人信用报告异议申请表》，并留委托人和代理人的有效身份证件复印件、授权委托书原件备查。

Q44 中国人民银行征信中心有"黑名单"吗？

中国人民银行征信中心没有"黑名单"。征信中心只是客观地收集和展示客户的信用信息，不对客户信息做任何评价。

Q45 能否贷到款由谁决定，商业银行还是中国人民银行征信中心？

能否贷到款由商业银行决定。中国人民银行征信中心只是提供个人信用报告，供商业银行审批贷款申请时参考，个人最终能否得到贷款，取决于商业银行贷款审批的结果。

Q46 **个人信用报告中的信贷信息是从何时开始采集的?**

截至 2004 年尚未还清的及 2004 年之后新发生的信贷信息。

Q47 **贷款已经结清或信用卡已经注销,之前的不良信息还会在信用报告上展示多久?**

根据《征信业管理条例》的规定,不良信息自不良行为或者事件终止之日起展示 5 年。

Q48 **是否可通过电话查询贷款的不良记录?如果有不良记录,征信中心是否能够修改?**

目前电话不提供查询个人信用报告的服务,消费者可以携带本人有效身份证件及复印件到中国人民银行分支机构进行查询。

个人信用报告中客观展示贷款的还款记录,没有"不良记录"的字样,如果消费者本人没有按时还款,信用报告会如实展示逾期记录。

征信中心仅客观展示信用信息,只有报送机构才有修改权限。如果消费者发现自己信用报告中的贷款信息错误,可以向查询机构质询,也可以通过中国人民银行的异议处理流程来解决。

Q49 个人信用报告是否区分"善意"欠款与"恶意"欠款?

◎ 中国人民银行征信中心出具的个人信用报告是对个人过去信用行为的客观记录,并不对个人的信用好坏进行定性的判断,不对欠款进行"善意"欠款或者"恶意"欠款的区分,是为了保证信息的客观性。

◎ 商业银行等个人信用报告的使用机构会根据个人的实际情况和其他信息对客户的履约能力和意愿进行综合判断。

因此,个人信用报告中不区分"善意"欠款与"恶意"欠款。

Q50 为什么要特别关注"查询记录"中记载的信息?

查询记录中记载了查询日期、查询操作员、查询原因和当年互联网查询次数等信息,据此可以追踪您的信用报告被查询的情况。

对个人而言,应当特别关注"查询记录"中记载的信息,主要有以下两方面的原因:①其他人或机构是否未经您授权查询过您的信用报告。②如果在一段时间内,您的信用报告因为贷款、信用卡审批等原因多次被不同的银行查询,但您的信用报告中的记录又表明这段时间内您没有得到新贷款或申请过信用卡,可能说明您向很多银行申请过贷款或申请过信用卡但均未成功,这样的信息对您获得新贷款或申请信用卡可能会产生不利影响。

如果您发现您的信用报告被越权查询时,可以向查询机构质询,也可以向中国人民银行分支机构反映。

附　录

农户贷款管理办法

第一章 总则

第一条 为提高银行业金融机构支农服务水平，规范农户贷款业务行为，加强农户贷款风险管控，促进农户贷款稳健发展，依据《中华人民共和国银行业监督管理法》《中华人民共和国商业银行法》等法律法规，制定本办法。

第二条 本办法所称农户贷款，是指银行业金融机构向符合条件的农户发放的用于生产经营、生活消费等用途的本外币贷款。本办法所称农户是指长期居住在乡镇和城关镇所辖行政村的住户、国有农场的职工和农村个体工商户。

第三条 本办法适用于开办农户贷款业务的农村金融机构。

第四条 中国银监会依照本办法对农户贷款业务实施监督管理。

第二章 管理架构与政策

第五条 农村金融机构应当坚持服务"三农"的市场定位，本着"平等透明、规范高效、风险可控、互惠互利"的原则，积极发展农户贷款业务，制定农户贷款发展战略，积极创新产品，建立专门的风险管理与考核激励机制，加大营销力度，不断扩大授信覆盖面，提高农户贷款的可得性、便利性和安全性。

第六条 农村金融机构应当增强主动服务意识，加强产业发展与市场研究，了解发掘农户信贷需求，创新抵押担保方式，积极开发适合农户需求的信贷产品，积极开展农村金融消费者教育。

第七条　农村金融机构应当结合自身特点、风险管控要求及农户服务需求，形成营销职能完善、管理控制严密、支持保障有力的农户贷款全流程管理架构。具备条件的机构可以实行条线管理或事业部制架构。

第八条　农村金融机构应当建立包括建档、营销、受理、调查、评级、授信、审批、放款、贷后管理与动态调整等内容的农户贷款管理流程。针对不同的农户贷款产品，可以采取差异化的管理流程。对于农户小额信用（担保）贷款可以简化合并流程，按照"一次核定、随用随贷、余额控制、周转使用、动态调整"模式进行管理；对其他农户贷款可以按照"逐笔申请、逐笔审批发放"的模式进行管理；对当地特色优势农业产业贷款，可以适当采取批量授信、快速审批模式进行管理。

第九条　农村金融机构应当优化岗位设计，围绕受理、授信、用信、贷后管理等关键环节，科学合理设置前、中、后台岗位，实行前后台分离，确保职责清晰、制约有效。

第十条　农村金融机构应当提高办贷效率，加大惠农力度，公开贷款条件、贷款流程、贷款利率与收费标准、办结时限以及廉洁操守准则、监督方式等。

第十一条　农村金融机构开展农户贷款业务应当维护借款人权益，严禁向借款人预收利息、收取账户管理费用、搭售金融产品等不规范经营行为。

第十二条　农村金融机构应当提高农户贷款管理服务效率，研发完善农户贷款管理信息系统与自助服务系统，并与核心业务系统有效对接。

第三章　贷款基本要素

第十三条　贷款条件。农户申请贷款应当具备以下条件：

（一）农户贷款以户为单位申请发放，并明确一名家庭成员为借款人，借款人应当为具有完全民事行为能力的中华人民共和国公民；

（二）户籍所在地、固定住所或固定经营场所在农村金融机构服务辖区内；

（三）贷款用途明确合法；

（四）贷款申请数额、期限和币种合理；

（五）借款人具备还款意愿和还款能力；

（六）借款人无重大信用不良记录；

（七）在农村金融机构开立结算账户；

（八）农村金融机构要求的其他条件。

第十四条　贷款用途。农户贷款用途应当符合法律法规规定和国家有关政策，不得发放无指定用途的农户贷款。按照用途分类，农户贷款分为农户生产经营贷款和农户消费贷款。

（一）农户生产经营贷款是指农村金融机构发放给农户用于生产经营活动的贷款，包括农户农、林、牧、渔业生产经营贷款和农户其他生产经营贷款。

（二）农户消费贷款是指农村金融机构发放给农户用于自身及家庭生活消费，以及医疗、学习等需要的贷款。农户住房按揭贷款按照各银行业金融机构按揭贷款管理规定办理。

第十五条　贷款种类。按信用形式分类，农户贷款分为信用贷款、保证贷款、抵押贷款、质押贷款，以及组合担保方式贷款。农村金融机构应当积极创新抵（质）押担保方式，加强农户贷款增信能力，控制农户贷款风险水平。

第十六条　贷款额度。农村金融机构应当根据借款人生产经营状况、偿债能力、贷款真实需求、信用状况、担保方式、机构自身资金状况和当地农村经济发展水平等因素，合理确定农户贷款额度。

第十七条　贷款期限。农村金融机构应当根据贷款项目生产周期、销售周期和综合还款能力等因素合理确定贷款期限。

第十八条　贷款利率。农村金融机构应当综合考虑农户贷款资金及管理成本、贷款方式、风险水平、合理回报等要素以及农户生产经营利润率和支农惠农要求，合理确定利率水平。

第十九条　还款方式。农村金融机构应当建立借款人合理的收入偿债比例控制机制，合理确定农户贷款还款方式。农户贷款还款方式根据贷款种类、期限及借款人现金流情况，可以采用分期还本付息、分期还息到期还本等方式。原则上一年期以上贷款不得采用到期利随本清方式。

第四章　受理与调查

第二十条　农村金融机构应当广泛建立农户基本信息档案，主动走访辖内农户，了解农户信贷需求。

第二十一条　农村金融机构应当要求农户以书面形式提出贷款申请，并提供能证明其符合贷款条件的相关资料。

第二十二条　农村金融机构受理借款人贷款申请后，应当履行尽职调查职责，对贷款申请内容和相关情况的真实性、准确性、完整性进行调查核实，对信用状况、风险、收益进行评价，形成调查评价意见。

第二十三条　贷前调查包括但不限于下列内容：

（一）借款人（户）基本情况；

（二）借款户收入支出与资产、负债等情况；

（三）借款人（户）信用状况；

（四）借款用途及预期风险收益情况；

（五）借款人还款来源、还款能力、还款意愿及还款方式；

（六）保证人担保意愿、担保能力或抵（质）押物价值及变现能力；

（七）借款人、保证人的个人信用信息基础数据库查询情况。

第二十四条　贷前调查应当深入了解借款户收支、经营情况，以及人品、信用等软信息。严格执行实地调查制度，并与借款人及其家庭成员进行面谈，做好面谈记录，面谈记录包括文字、图片或影像等。有效借助村委会、德高望重村民、经营共同体带头人等社会力量，准确了解借款人情况及经营风险。

第二十五条　农村金融机构应当建立完善信用等级及授信额度动态评定制度，根据借款人实际情况对借款人进行信用等级评定，并结合贷款项目风险情况初步确定授信限额、授信期限及贷款利率等。

第五章　审查与审批

第二十六条　农村金融机构应当遵循审慎性与效率原则，建立完善独立审批制度，完善农户信贷审批授权，根据业务职能部门和分支机构的经营管理水平及风险控制能力等，实行逐级差别化授权。

第二十七条　农村金融机构应当逐步推行专业化的农户贷款审贷机制，可以根据产品特点，采取批量授信、在线审批等方式，提高审批效率和服务质量。

第二十八条　贷中审查应当对贷款调查内容的合规性和完备性进行全面审查，重点关注贷前调查尽职情况、申请材料完备性和借款人的偿还能力、诚信状况、担保情况、抵（质）押及经营风险等。依据贷款审查结果，确定授信额度，作出审批决定。

第二十九条　农村金融机构应当在办结时限以前将贷款审批结果及时、主动告知借款人。

第三十条　农村金融机构应当根据外部经济形势、违约率变化等情况，对贷款审批环节进行评价分析，及时、有针对性地调整审批政策和授权。

第六章　发放与支付

第三十一条　农村金融机构应当要求借款人当面签订借款合同及其他相关文件，需担保的应当当面签订担保合同。采取指纹识别、密码等措施，确认借款人与指定账户真实性，防范顶冒名贷款问题。

第三十二条　借款合同应当符合《中华人民共和国合同法》以及《个人贷款管理暂行办法》的规定，明确约定各方当事人的诚信承诺和贷款资金的用途、支付对象（范围）、支付金额、支付条件、支付方式、还款方式等。借款合同应当设立相关条款，明确借款人不履行合同或怠于履行合同时应当承担的违约责任。

第三十三条　农村金融机构应当遵循审贷与放贷分离的原则，加强对贷款的发放管理，设立独立的放款管理部门或岗位，负责落实放款条件，对满足约定条件的借款人发放贷款。

第三十四条　有下列情形之一的农户贷款，经农村金融机构同意可以采取借款人自主支付：

（一）农户生产经营贷款且金额不超过 50 万元，或用于农副

产品收购等无法确定交易对象的;

（二）农户消费贷款且金额不超过 30 万元;

（三）借款人交易对象不具备有效使用非现金结算条件的;

（四）法律法规规定的其他情形。鼓励采用贷款人受托支付方式向借款人交易对象进行支付。

第三十五条 采用借款人自主支付的,农村金融机构应当与借款人在借款合同中明确约定;农村金融机构应当通过账户分析或现场调查等方式,核查贷款使用是否符合约定用途。

第三十六条 借款合同生效后,农村金融机构应当按合同约定及时发放贷款。贷款采取自主支付方式发放时,必须将款项转入指定的借款人结算账户,严禁以现金方式发放贷款,确保资金发放给真实借款人。

第七章 贷后管理

第三十七条 农村金融机构应当建立贷后定期或不定期检查制度,明确首贷检查期限,采取实地检查、电话访谈、检查结算账户交易记录等多种方式,对贷款资金使用、借款人信用及担保情况变化等进行跟踪检查和监控分析,确保贷款资金安全。

第三十八条 农村金融机构贷后管理中应当着重排查防范假名、冒名、借名贷款,包括建立贷款本息独立对账制度、不定期重点检（抽）查制度以及至少两年一次的全面交叉核查制度。

第三十九条 农村金融机构风险管理部门、审计部门应当对分支机构贷后管理情况进行检查。

第四十条 农村金融机构应当建立风险预警制度,定期跟踪分析评估借款人履行借款合同约定内容的情况以及抵（质）押担保情况,及时发现借款人、担保人的潜在风险并发出预警提示,采取增加抵质押担保、调整授信额度、提前收回贷款等措施，并作为与其后续合作的信用评价基础。

第四十一条　农村金融机构应当在贷款还款日之前预先提示借款人安排还款，并按照借款合同约定按期收回贷款本息。

第四十二条　农村金融机构对逾期贷款应当及时催收，按逾期时间长短和风险程度逐级上报处理，掌握借款人动态，及时采取措施保全信贷资产安全。

第四十三条　对于因自然灾害、农产品价格波动等客观原因造成借款人无法按原定期限正常还款的，由借款人申请，经农村金融机构同意，可以对还款意愿良好、预期现金流量充分、具备还款能力的农户贷款进行合理展期，展期时间结合生产恢复时间确定。已展期贷款不得再次展期。展期贷款最高列入关注类进行管理。

第四十四条　对于未按照借款合同约定收回的贷款，应当采取措施进行清收，也可以在利息还清、本金部分偿还、原有担保措施不弱化等情况下协议重组。

第四十五条　农村金融机构应当严格按照风险分类的规定，对农户贷款进行准确分类及动态调整，真实反映贷款形态。

第四十六条　对确实无法收回的农户贷款，农村金融机构可以按照相关规定进行核销，按照账销案存原则继续向借款人追索或进行市场化处置，并按责任制和容忍度规定，落实有关人员责任。

第四十七条　农村金融机构应当建立贷款档案管理制度，及时汇集更新客户信息及贷款情况，确保农户贷款档案资料的完整性、有效性和连续性。根据信用情况、还本付息和经营风险等情况，对客户信用评级与授信限额进行动态管理和调整。

第四十八条　农村金融机构要建立优质农户与诚信客户正向激励制度，对按期还款、信用良好的借款人采取优惠利率、利息返还、信用累积奖励等方式，促进信用环境不断改善。

第八章　激励与约束

第四十九条　农村金融机构应当以支持农户贷款发展为基础，建立科学合理的农户贷款定期考核制度，对农户贷款的服务、管理、质量等情况进行考核，并给予一定的容忍度。主要考核指标包括但不限于：

（一）农户贷款户数、金额（累放、累收及新增）、工作量、农户贷款占比等服务指标；

（二）农户贷款到期本金回收率、利息回收率及增减变化等管理指标；

（三）农户贷款不良率、不良贷款迁徙率及增减变化等质量指标。

第五十条　农村金融机构应当根据风险收益相匹配的原则对农户贷款业务财务收支实施管理，具备条件的可以实行财务单独核算。

第五十一条　农村金融机构应当制订鼓励农户贷款长期可持续发展的绩效薪酬管理制度。根据以风险调整收益为基础的模拟利润建立绩效薪酬考核机制，绩效薪酬权重应当对农户贷款业务予以倾斜，体现多劳多得、效益与风险挂钩的激励约束要求。

第五十二条　农村金融机构应当建立包含农户贷款业务在内的尽职免责制度、违法违规处罚制度和容忍度机制。尽职无过错，且风险在容忍度范围内的，应当免除责任；超过容忍度范围的，相关人员应当承担工作责任；违规办理贷款的，应当严肃追责处罚。

第九章　附则

第五十三条　农村金融机构应当依照本办法制定农户贷款业务管理细则和操作规程。

第五十四条　其他银行业金融机构农户贷款业务，参照本办法执行。

第五十五条　本办法施行前公布的有关规定与本办法不一致的，按照本办法执行。

第五十六条　本办法由中国银监会负责解释。

第五十七条　本办法自 2013 年 1 月 1 日起施行。